Wisdom of the Tumbuka People
Vinjeru vya Ŵanthu ŵa Citumbuka

Copyright 2022 William Mumba

All rights reserved. No part of this publication may be reproduced, stored in a retrieval system, or transmitted in any form or by any means, electronic, mechanical, photocopying, recording or otherwise, without prior permission from the publishers.

Published by
Luviri Press
Mzuzu

ISBN   978-99960-66-64-1
eISBN   978-99960-66-65-8

Illustrations: Eliezer Mwanahata

Cover: Josephine Kawejere

Luviri Press is represented outside Malawi by:

African Books Collective Oxford (also for e-books)

(order@africanbookscollective.com)

www.africanbookscollective.com

Wisdom of the Tumbuka People
Vinjeru vya Ŵanthu ŵa Citumbuka

William Mumba

Luviri Press

Mzuzu
2021

Introduction

> Wisdom makes one wise man more powerful than ten rulers in a city (Ecc. 7:19).
>
> Vinjeru vikwiza na uchekuru - "Wisdom comes with old age".

These are words of wisdom that mean that long experience breeds experience, which is achieved with age. Wisdom properly learned can make an inexperienced person wise and clever. It can also help you teach young people how to be resourceful and live more responsibly in life.

However, for us to fully appreciate and comprehend Tumbuka proverbs and expressions, we need to understand the Tumbuka people themselves and their language. Therefore, before we delve into the proverbs and sayings, we shall look very briefly at the history of the Tumbuka and the evolution of their language.

It is very difficult to speak about the Tumbuka without being entangled with other ethnic groupings in the Malawi historiography. The people of Central Africa are a mixed people with mixed cultures having a mixed history. Citumbuka, the language as it is known today, is a result of a complex process of interactions of the different languages of ethnic groups knitted together by historical events. A study of the Tumbuka proverbs and expressions reveal this cultural interaction.

It is believed that the Tumbuka were the earliest Bantu people to migrate into Northern Malawi. They settled in the area that stretches all the way from the Songwe River in the north to the area beyond the Dwangwa River covering the whole of present-day Kasungu district on the South; and from Lake Malawi on the east to Luangwa valley in Zambia. Most writers today agree with that the Tumbuka migrated from further north, possibly south of Lake Victoria in the Nyanza Province into Malawi. Historians agree that the Tumbuka once formed part of a large empire of the Luba in the Congo. Reasons for migration are not very well known but the most likely reason was the search for land. The Tumbuka occupation of the north dates back to as early as the late 13th century or the early 14th century.

When the Tumbuka came into the area there were no other Bantu ethnic groups there, but the Akafula, who were the original inhabitants of the region. By the time the Portuguese traveler, Gammitto made his stop-over at Kasungu, each ethnic group lived in separate colonies side by side. Among the people mentioned by the Portuguese explorers, Gasper Bocarro and Barretto, in the 17th century as being in the area were the Tonga, the Ngonde and the Tumbuka. The Ngoni are a later group that came into the area in the mid-19th century.

By the time the missionaries arrived in the area, there were already six ethnic groups that had settled there: the Tumbuka, Senga, Chewa, Tonga and Ngonde, who all originated from the Luba Empire. In addition, there were the Ngoni who had come from South Africa in the mid-19th century. The Citumbuka that is spoken today is the result of the interaction of these ethnic groups. The Tumbuka being the dominant ethnic group exerted great influence on the new arrivals with some ethnic groups like the Ngoni and Senga, losing their languages and greatly affecting the remaining ones to the extent that Citumbuka became the *lingua franca* of the north. The culture, traditional customs and values of the Tumbuka cross-bred with those of the other ethnic groups. It is this Tumbuka culture that forms the background to the proverbs presented in the following pages.

Objective

The objective for collecting these proverbs and figures of speech is to preserve our cultural heritage more especially so now that they are becoming extinct. This collection is in no way exhaustive of the expressions in use today. It, however, does give a fair representation of a variety of the cross-section of proverbs among the Tumbuka speaking people of Central Africa. For us to better understand them and encourage their use, let us create room for them in the modern society especially in our system of education as Citumbuka is being reintroduced in the public life of our country through the media. The proverbs identify and dignify the Tumbuka culture, putting life into wisdom and wisdom into daily life.

It is, however, sad to note that modern thought-pattern and life fail to recognize the potential value of these proverbs. It is equally sad that they are associated with the primitive and rustic world. Despite this negative association they are the main means of communication in daily life of all age groups of the Citumbuka-speaking people. This was made possible with the help of the Christian churches, I have in mind here, the CCAP Synod of Livingstonia and the Roman Catholic Church who kept the language alive as a liturgical language used in the churches. The other reason is that the people themselves have a strong feeling and passion for the language because of its richness in proverbial expressions, which makes it easy as a medium of communication in the North. With it you can go anywhere in the north and people will respond to your needs.

In spite of their wide use in daily ordinary life, political scientists, economists, lawyers, artists, sociologists and many others have not done enough to integrate these proverbs into their disciplines in order to develop a genuine African identity. The challenge to integrate these proverbs into modern thought pattern is not only for learning and quoting a few of them periodically. Rather the challenge calls for a careful study at various levels and from different disciplines in order to recognize and appreciate the themes and patterns of different proverbs for their evaluation. These proverbs have preserved not only many uncommon words and interesting grammatical constructions for a student of language and culture but there is also much that the student of economics and political science can use. These proverbs contain many customs, beliefs, values and folktales, which could be of great value for behavioral change especially now in the age of HIV and AIDS.

Proverbs in Context

Chakanza has said, "a proverb develops a metaphor, namely a meaning that differs from the literal meaning of the words used." The word is variously translated into the Tumbuka as *cinthanguni* singular; plural *vinthanguni* or *mwambi* singular and *miyambi* in plural and figurative expressions as *ntharika* singular or *zintharika* plural or *cigetwo* singular and *vigetwo* for plural. Proverbs are words of wisdom timely spoken to counsel, admonish, warn, give direction and teach morals. Proverbs touch all aspects of life: economics, agriculture, poverty, work, trade, love, animal husbandry, hunting, health, sickness, joy, sorrow, eating, cooking, music, dancing, fishing, building, hospitality, kindness, hate, marriage, sex, pregnancy, child bearing, upbringing, the list is endless. There are proverbs for all kinds of people, the young, old, chiefs, nobles, serfs, peasants, men, women, the rich, the poor, craftsmen and many more. They also deal with human character: lying, stealing, borrowing, backbiting, giving, faithfulness, laziness, pride, ingratitude, and many others.

One general observation about proverbs is that they do not provide reasons or argue for the position taken on any particular concept or subject; they simply affirm the concepts. Proverbs are short and pithy, easy to remember. When you have applied them in any given situation, they become alive and shed more light on any given subject. Proverbs can be compared to "a mustard seed, which is full of life. When it has fallen into the ground, it germinates and grows into a big tree that birds of the air nest in it and animals rest in its shade" (Mt. 3:31-32). Proverbs can also be compared to the words of the elders, which are like a deep pool in which you can swim (*Mazgu gha ŵarara nchiziŵa ungagezamo*). Proverbs express the wisdom which reveals the people's belief system, values, customs and are a means of security. Sayings in the form of figurative expressions-*vigetwo* are call names about someone or something so that others will not know what is being said e.g. *kumangira muceka* (To bind one's bowels) or *manyenye ghawa* (Black flying-ants have fallen).

Proverbs are not ascribed to any particular individual in Malawi just like elsewhere in Africa. These are collective words of wisdom of the ancestors—the wise men and women of old. In any given situation when a proverb is applied, it is preceded by a statement like: *ŵavura zakale ŵakuti...* In this way the sayings become authoritative. This is also a way of expressing corporate ownership of the proverbs. As such they are experienced, wise and valid counsel to be acknowledged by all.

Translation

The literal translation of each proverb into English may not be as perfect as the language requires. The purpose of the translation is to bring the reader who is a learner of Citumbuka as close as possible to the original version. To remain faithful to the Tumbuka version, a certain purity of English has been sacrificed. It must also be noted that the meaning of the proverbs is not really to be derived from the literal translation but rather from the explanations that follow. Although proverbs are part of the ordinary conversation, their terse form makes them distinct from the rest. Consequently, the literal translation cannot give the original meaning. Some are straightforward and once they have been translated, they become clear. Others are allegorical and deeply imbedded in culture and, therefore, not easy to understand. The Citumbuka words used in the proverbs are very rich in meaning, as they express vast experience and touch various situations for application. As such it is difficult to find corresponding words in English that can cover the original meaning. In certain cases, the kind of language used may not necessarily conform to the conventional meaning and usage in the social, cultural, linguistic, religious and philosophical use. Where possible, corresponding English proverbs have been provided.

Arrangement

The proverbs and figurative expressions in this collection are numbered in an alphabetical sequence of the first words. Each proverb is given in Citumbuka original version with the variation, as used by different sections of the Citumbuka-speaking community. This is followed by a literal English translation indicated by the letter T, and Tumbuka explanation or meaning indicated by C (*Cing'anamulo*) and an English equivalent indicated by M (Meaning). Finally, the letter S stands for the subject matter, a summary of the significance of the proverb, in one or two English words. Although it would have been appropriate to do so, the proverbs have not been classified according to their/meanings nor the function they perform such as warning, encouragement, misfortune, gratitude, hardwork etc. While the idea is attractive, there is a certain risk in attempting to classify them in this manner because a proverb may have more than one meaning or shade of meanings or it may serve more than one function. For easy reference, therefore, there is a list of all the proverbs and figurative expressions in an alphabetical order in appendix one, and the subject matter in appendix two. Some of the proverbs have been illustrated with drawings.

There are three distinct types of proverbs that can be observed from the collection presented in this work.

First, there are those proverbs which contain no metaphor and no attempt is made to hide the meaning. *Ngongole yikumazga ubwezi/Debts destroy friendships.*

Second, there are those proverbs which are metaphors, and the meaning cannot easily be known to the uninitiated. This is the form that the majority of proverbs take, for example: *Kutondwa ca nkhara cule wa na mukosi/ You are puzzled like a crab the frog has a neck.*

Thirdly, there are those proverbs whose meaning is entirely dependent on some underlying story: e.g., *Mbulanda wene ukulu cakwa Mwelankulu pa musinkho wuno ugone pa wekha/It is real kinlessness like that of Mwelankulu who slept alone at such an old age.* While many are remembered today, the stories and customs behind the proverbs are unknown or have been forgotten. Unfortunately, no effort has been made to have these stories written down for posterity, thus, with the modern urban and peri-urban society it is even more difficult because these folk-tales are not familiar.

Sources

The sources from which the material in this book have been compiled include largely my own field research findings from 2001 to 2005 and a number of published and unpublished works by Malawians and expatriate missionaries included in the annotated bibliography. Among the Malawian authors whose works I have consulted extensively are: A.H.C. Mkandawire, B.J. Soko, F.K. Chirwa, J.C. Chakanza, J Milimo and D.K. Mphande. These works are basically in three languages: Citumbuka, Citonga and Chinyanja. The materials from expatriate missionaries are: by T.C. Young, Church of Scotland, Livingstonia Mission; M.G. Sanderson; J.W.P. Johnson, Likoma, Anglican; A.C. Van Kessel, M. Afr. Chipata/Zambia, Roman Catholic. These authors' materials were invaluable for cross-checking and double-checking and, in many cases, gave me additional material, which I had not been aware of before.

A closer look at the sources at my disposal revealed the following characteristics in their formulation:

1. Proverbs in Citumbuka only with their meanings. A.H.C. Mkandawire.

2. Proverbs in Citumbuka, expounded in English and context or specific meaning of an individual proverb. In certain cases, a short setting in which they are used is given. Meredith Sanderson, T. C. Young.

3. Proverbs stated and given a story to illustrate their origin and context. Mphande, Mkandawire and in English, Sanderson.

Vote of thanks

Finally, I wish to register my indebted and sincere gratitude to all the authors whose material I have either consulted or used for my work. These have been and remain the pathfinders and guides in proverb collection.

Acknowledgements

I wish to thank the Church of Central Africa Presbyterian for financing my studies at Chancellor College between 1999 and 2001 and especially Rev. Howard Matias Nkhoma, the General Secretary of the Synod. The postings to various Presbyteries covering the whole of the Northern Region, Bandawe in Nkhata-Bay, Loudon in Mzimba South West, Ngerenge in Karonga, Wenya in Chitipa and Ekwendeni in Mzimba North in 1995–1999 and 2001–2005 provided the necessary environment for conducting research work on Tumbuka proverbs.

My interest in Tumbuka proverbs was awakened by the late Rev. Professor Joseph C. Chakanza, who also suggested the title of the book, after the title of his own book *Wisdom of the People. 2000 Chinyanja Proverbs* and provided me with extensive initial primary materials and guidance. Klaus Fiedler was unfailingly persistent, patient and encouraging in making sure that I reach the targeted number of proverbs. Prof. Boston Soko subjected the material to scholarly criticism, and Prof. Pascal Kishindo did the final corrections. Rev. Kingsley Nyirenda provided the necessary semantics and syntax of Tumbuka as understood and spoken today. From Llyton Mumba, my father, Efrida Soko, my mother, Themba Mkandawire, Clara Mumba, my only sister, Millie Getrude Shaŵa, my wife, I received useful information, encouragement as well as unflinching hospitality and friendship.

There can have been few more stimulating environments for the aspirant paremiographer than that provided by the Synod of Livingstonia over the years. For better or worse the proverbs found in this book were largely preserved by them as they sustained the use of the Tumbuka language throughout the years outside and inside the church.

For the insights and guidance they provided, I can name but a few: the Very Rev Dr Silas M. Nyirenda, Rev Saiwani Mumba, Rev Maurice Munthali, Mr Rhodian G. Munyenyembe and Mrs Mercy Chilunga. Any misconceptions that remain are my own.

Among the lecturers in the Department of Theology and Religious Studies, special thanks go to the following: the Very Rev Dr Felix Chingota, Ms Fulata Moyo, Dr I.S. Mahomed; and from the Synod of Livingstonia, the following: Lyson Mhango, John Mkandawire, Ivy Mumba, Chinkhando Banda, Vickness Mumba, Vilume Nyirongo and many others, too many to mention.

My particular thanks are due to all Kachere Series staff, especially the late Caroline Chihana for typing and re-typing the various early drafts of the book with exemplary patience and efficiency. For access to written materials, I must thank the staff of Chancellor College Library, Zomba Theological College Library, the custodians of the Malawi National Archives and the custodian of the Livingstonia Synod Archives. And I want to thank Luviri Press for finalizing the publication.

Proverbs

1. Ako walya ndiko nkhako
T: What you have eaten is what is yours.
C: Para walya cakulya cira caŵikika munthumbo palije uyo wangapoka ndipo cingafumanso cara. Kweni ico undalye waliyose wangazakatola.
M: Whatever has been eaten has been stored in your stomach and no one can take it from you, neither can it be thrown away. However, what you have not eaten can be grabbed by anybody.
S: Possession, achievement.

2. Apo m'cira wa mbwengu/ncheŵe wapindikira pakumanyikwa makora cara
T: It is not really known where the tail of the baboon/dog curves.
C: Pa mulandu pamanyikwenge mutu wa nkhani.
M: Find the root-cause of dissatisfaction with one another.
S: Causality, source.

3. Apo pacedwa kambwe pali nkhurande
T: Where a jackal delays there are soldier ants.[1]
C: Usange munthu watemweska comene kuruta na kucezga malo ghanyake, mphawaka cara, kupulikwikenge lumbiri.
M: No one would spend much time on an issue for no cause at all.
S: Engagements, attraction.

4. Apo pagezera musambazi ndipo pakumwa mkavu
T: The water used for washing by the rich is drinking water for the poor. I therefore share with you deliverables
C: Tovwirenge ŵakavu mwakwenerera cifukwa tili nawo nyengo zose ndipo ŵakukhumba wovwiri withu.
M: We must help the needy because we always have them and

---

[1] There is a discrepancy here between the text and the drawing. This has been left unresolved (the editor).

they need our helping hand.
S: Kindness, hospitality.

3 *Apo pacedwa kambwe pali nkhurande*
Where a jackal delays there are soldier ants.

5. Apo palije nkhuni moto nawo pakuŵavye, kweni usange pali nkhuni moto ubukenge

T: Without firewood the fire does not blaze, but if there is firewood, it does.
C: Kunyozana na kwambana ndiko kukwambiska zawe kweni usange palije ivi pali mutende.
M: Slander and provocation cause quarrels, without these, peace prevails.
S: Discord, provocation.

6. Apo paungana nchembere pali utesi
T: Where women gather, there are plenty of lies.

C: Apo ŵamama ŵaungana nyengo zinandi pakuŵa maluseso.
M: Women love to tell slanderous stories.
S: Gossip, slander.

7. Basi/Sitima yikulindizga munthu cara/nyengo ntha yikulindizga munthu
T: A Bus/Ship/Time waits for no one.
C: Nanga vingasuzga uli nyengo yikulindizga munthu cara yikwenda nipera.
M: Come what may, time will keep flowing.
S: Punctuality, procrastination.

8. Boli wakafwa na mpozga ku mulomo
T: The zebra died with green grass in the mouth.
C: Munthu pakususkika pa mulandu mpaka waŵepo na cakuyowoya kujitaska.
M: When a person has been indicted in a court, he will normally have a word in defence and not merely suffer in silence.
S: Self-defence, mitigation.

9. Bongololo mulanda wakasambirira pamlango apo mwanangwa wakalangikira mu nyumba
T: An orphaned millipede learned while sat by the door outside the house while the free one was instructed from the house.
C: Mwana wamahara wakusambilira apo munyakhe wakulangikira, kweni wambura mahara wakulindizga dango lake na lake.
M: A wise child learns from other people's instructions but a foolish one wants his/her own instructions and perishes in the process.
S: Advice, opportunity.

10. Bunukira nthowa ya ku Malambo (masomaso)
T: Get carried away on the way to Malambo (Zambia) (eyes-eyes)
C: Kale para ŵanthu ŵawona ŵanyawo ŵakuya ku Malambo (Zambia) mbwenu nawo ŵanjirapo pa ulendo wambura kunozgekera kuti nawo ŵakapenje ndarama, kasi ndarama zeneko kulije. Kweni munthu wakuwunukira cilicose nga cingaŵa cake, ndiyo ŵakuti ngwa

masomaso panjiso mwanakazi muhule.
M: Long ago when people saw others going to Malambo (Zambia) they would join unprepared hoping to find money there when in fact there was no real money. Sometimes this refers to someone who wants everything for his/her own or a prostitute.
S: Impromptness.

11. Cakupa Leza (Ciuta) uleme (ukane) m'mbwera wa Yalema, mwana wa Ciziŵa?
T: Can you refuse what God gives you the navel of Yalema, child of Ciziŵa.
C: Yalema mwana wa ŵa Ciziŵa wakaŵa na m'mbwera (mdoto) ukulu comene uwo ŵakauthya (wakaucemanga) kuti cakupa Leza (Ciuta). Sono munthu uyo wasangana na masoka ndiyo wakuti cakupa Leza uleme.
M: Acceptance of the inevitable without complaining too much.
S: Fatalism.

12. Cakupa ntha ŵakupoka
T: What has been given is never taken away.
C: Ico wapereka kwa munthu nga nchawanangwa ukwenera kupokaso cara.
M: What you give away as a gift you cannot take back.
S: Giving, generosity.

13. Cakusola ntha nchakwiba/kusora nkhwiba cara
T: To pick something that has been lost is not stealing.
C: Usange wasora kanthu pa nthowa nkhwiba chara kweni usange watola pa mulyango waŵene wambura kuromba.
M: To find something along the way and pick it is not the same as stealing, but taking the same at someone's residence without permission is theft.
S: Luck, fortune, honesty.

14. Caro mphakati pose
T: The centre of the world is everywhere.

C: Munthu wangakhala nakufwasa pali pose malinga iye mwene wakhumba.
M: A person can live happily anywhere so long he himself makes the most out of the situation.
S: Contentment.

15. Caro ni maŵingo, ng'oma ya Walutundu
T: The world is only clouds, the drum of Walutundu.
C: Nyengo na ŵanthu ŵakusintha nga ni maŵingo. Muhanya uno ghalipo namacero palije.
M: Times and people change like clouds. Today they are present tomorrow they disappear.
S: Unpredictability, instability.

16. Caro ni mazgora cikazgora a Gamphani pa Nkhamanga
T: The world has its changes, it changed Mr. Gamphani at Nkhamanga.

8. Boli wakafwa na mpozga ku mulomo
The zebra died with green grass in the mouth.

C: Usange munthu wanguŵa na nkhongono ndiposo na umoyo uweme, panji musambazi, sono vyose vila vyamara kwambura fundo

yeneko waluwika na kuyuyurika.
M: Ups and downs are the rule of life.
S: Misfortune.

17. Caru nchombe, utheka ni mphaci
T: The world is guile, grass is a waiter.
C: Caru nchinonono ndipo utheka ngutesi, para wacita kanthu kaheni mu utheka ungati kabisama, kasi kali pakweru.
M: Do not trust appearances; what you think you have hidden may be visible.
S: Secrecy.

18. Cifukwa cakuŵavya mino kuswa ludengere cara
T: Do not break a potsherd if you have no teeth.
C: Usange wa munthu wasangana na masuzgo reka kuguziramo ŵanyako kuti nawo ŵasuzgike nga ndiwe. Vikuyana waka na munthu uyo wakutondeka kulya ngoma zakukazinga mbwenu wakuswa ludengere kuti wanyazge ŵanyakhe panji kujandizga ŵanyithu awo ŵangafiska cinthu cira.
M: When one is in some unfortunate situation, he should not try to bring all the others into the same situation. For instance, when one cannot eat roasted maize because he has lost all his teeth; he should not destroy the roasting pan (potsherd) so that everybody else stops roasting and eating maize.
S: Jealousy.

19. Cihoŵe (caholi) wawofi wakafwa naucekulu
T: The timid raven died of old age.
C: Munthu uyo wakupwerera pakucita vinthu ndiyo wakucita makora nakukhala umoyo utali.
M: A person who takes precautions in doing things will succeed and live longer.
S: Prudence.

20. Cikosera cikuzighanamo
T: Obstinacy lands one into danger.

C: Pali kayowoyero kuti pakaŵa nyiska iyo yikakhumba kuwona nkharamu ndipo nanga uli yikasokeka kuti yamufwa yikalimbikira kuti yikawone umo yilili nkharamu. Paumaliro nyiska yikaliwa.
M: There is a story about a bushbuck that wanted to see how a lion looked like despite warnings that it would be eaten by the lion. However, the bushbuck was adamant and when it was allowed the lion killed it and ate it. Thus, when a person obstinately persists to do something which others deem to be dangerous will warn him that obstinacy lands one into danger.
S: Obstinance.

21. Cilije citima (soni) cikutola na zifumu
T: It has no grief (sense of shame) it takes even chiefs.
C: Nyifwa njinonono, yikutola ŵanthu ŵakuzirwa panyakhe awo ŵatenge ŵavwirenge ŵanyawo na caru pambere nyengo yindafike.
M: Death is hard to understand, it takes respected and important people or those who would have helped others and the country while they are still young.
S: Impatiality, ruthlessnes.

22. Cilima ni Ciuta, musopeni
T: A cripple is God himself, adore him.
C: Ticindike ŵanyithu nanga ŵangaŵa vilima cifukwa nawoso nivilengiwa vya Ciuta.
M: Respect others including the lame for they, too, are God's creation.
S: Respect.

23. Cilimbi cilije soni
T: A great dancer/singer has no shame.
C: Nyengo zakale magule ghanandi ŵakavinanga na usiku kuti uyo ngwasoni nayo wavinengepo kweni para kwaca ivyo nvilimbi vikutemwa gule vikujivinira kwambula soni. Nanga ni munthu munkhungu panji mutesi walije soni.
M: In olden times, most dances were performed at night so that even those who were shy could dance. When daylight came only those

who were great dancers and loved dancing continued dancing without any shyness. Even so thieves/ robbers or liars have no sense of shame when committing crimes even during daytime.
S: Shyness, callousness.

24. Ciluwa cilije mankhwala
T: Forgetfulness has no medicine.
C: Munthu wali yose mpaka zuŵa limoza waluwepo.
M: It is only natural that every person will one day forget
S: Forgetfulness.

25. Ciluwa cilije nyina
T: Forgetfulness has no mother
C: Munthu wali yose nanga wangaŵa uli panji wacite makora uli mpaka nyengo yinyake waluwe kamo.
M: Every person no matter who or how best he may try there will always be time when he will forget.
S: Forgetfulness.

26. Cimayi cilije ubwezi
T: The knife has no friendship.
C: Ungagomezganga mubwezi wako kwakujumphira cara cifukwa zuŵa linyake wangazakakuwukira ngati ni cimayi ico mwa ngozi ungajiceka naco.
M: Never trust your friend too much because he may one day turn against you llke a knife, which may accidentally injure you when you keep it in your pocket.
S: Friendship, enmity, trust.

27. Cimbira mulomo kumbere/kunthazi ukasone
T: Run away from the mouth sew yours where you go.
C: Munthu wali yose wali na mulomo ndipo kulikose uko wangaruta wamusanga ŵanthu ŵali na milomo. Usange wacimbira kusesa uko waya kusesa wukareke, cifukwa luseso luli pose pose anthewura wungalicimbira cara.
M: Every person has a mouth. Everywhere one goes one will find

people with mouths. If one runs away from gossiping then wherever one goes one must stop gossiping because gossiping is universal. One can, therefore, not pretend to escape it.
S: Prudence, carefulness.

28. Cimbwe wakurumba maŵanga ghakhe
T: The hyena praises his own spots.
C: Munthu yose wakutemwa kurumba vinthu vyake nakughanaghana kuti vikuruska vinyakhe vyose.
M: It is natural that people look for praise in their accomplishments.
S: Judgement, self-exaltation, estimation.

29. Cimbwe wakutemwa pa viwangwa
T: The hyena loves where there are bones.
C: Usange wawona munthu mulala watandalira pa malo ghamoza cilipo ico wakucita ico wacitemwa cifukwa cimbwe pambura viwangwa wangatemwapo cara.
M: If you see an elderly person spend much time on one place there is something likable about the place, for a hyena does not waste its time where there are no bones.
S: Attraction, concentration.

30. Cimbwe wawofi wakafwa na ucekulu
T: A timid hyena died in old age.
C: Kupewa suzgo nkhupwererera pakucita vinthu.
M: Do not try to be too courageous. You might unnecessarily lose your life for nothing.
S: Carefulness, moderation.

31. Cimjiko walayira, ŵasaza ŵapunda utuŵa
T: Cimjiko has bidden farewell, the naughty ones have defeated whiteness.
C: Mwambi uwu ukuyowoya za munthu uyo walije cakulya ngati cigetyo kumanyiska ŵanyake awo ŵali na cakulya kuti nayoso wakukhumba kulya nawo.

M: Used by a man who has no food ready as a hint to others who are about to have a meal that he would like to join them.
S: Hospitality.

32. Cimphondi cakuŵika muthumba cikunata
T: The peanut butter that is kept in a pocket becomes sticky.
C: Usange mwanakazi wakupanga uhule mpaka wawonekere pakweru cifukwa nyengo zinyake watolenge nthumbo nanga wangayezga kubisa mpaka yikwizakawonekera pa umaliro.
M: If a woman commits adultery and becomes pregnant, she will be discovered; even if she tries to hide there will come a time when she can hide no longer.
S: Secrecy.

33. Cindere cikawona nkhondo
T: An idiot saw war.
C: Nkhuweme cara kunyozera para munyake wakuyowoya cifukwa cakuti ni mwana panji ngwambura kusambira. Nawoso ŵangatisambizga vinjeru.
M: A fool may give a wise man counsel.
S: Recognition, trust, openness.

34. Cindere naco cili na mweneko
T: An idiot, too, has its owner.
C: Nanga munthu uyo wakuwoneka cindere wambura mahara gha munthu wali nawo awo ŵakumutemwa. Kunyozana nkhuweme cara.
M: Everyone, even an idiot has someone who cares.
S: Respect, dignity.

35. Cipindi ca moŵa cikuvumbura vinandi
T: A calabash of beer reveals a lot of (hidden) things.
C: Muloŵevu wakuyowoya vinandi ivyo panji (para wandamwe) wangayowoya cara.
M: When one is drunk one will say things that may not be spoken

under normal circumstances.
S: Openness, recognition, exposure, drunkenness.

36. Cipwata (ciwono) ca kalulu cikakula na zani muwone
T: The sleeping place of the hare grew big with "come and see."
C: Apo papwata kalulu pakugona pakuŵa pacoko comene kweni ŵanthu pakwiza kuti ŵawone mbwenu cikukulirakulira cifukwa ŵanthu ŵala ŵakupwatirako. Tunkhani tucokotucoko tukukula kuŵa nkhani zikulu cifukwa ca kusazgirako pakwenda mu m'lomo na m'lomo.
M: The sleeping place for the hare is very small but when people try to show it to one another they normally increase the place. Small matters become big issues as they are transmitted from mouth to mouth.
S: Rumour, gossip, exaggeration.

37. Cili pa munyako namacero cili pa iwe
T: It is on your neighbour to day, tomorrow it will be on you.
C: Pa soka ilo lamusanga munyako muhanya uno ungamusekanga cara cifukwa namacero lingazakawira iwe, umovwire cifukwa naweso uzamukhumba wovwiri wake.
M: When your neighbour is in trouble to day, do not gloat over him because the same predicament may come on you tomorrow and you may need his assistance.
S: Neighbourliness.

38. Citima cikalivyamo nkhwali
T: Kindness killed the francolin.
C: Usange walongola lusungu comene, ŵanthu awo ukuŵalongola lusungu namacero ŵizamukuwukira nakukupweteka.
M: If you are too kind be careful, the very same people to whom you show kindness will turn against you.
S: Kindness, ungratefulness.

39. Ciuta wakovwira awo ŵakujovwira ŵekha
T: God helps those who help themselves.

C: Usange munthu wakukhumba kuti wasange viweme wanga-khalanga waka cara nakugomezga kuti viweme vifumirenge kwa Ciuta.
M: If a person wants to have good things, he/she should not just sit without doing anything hoping that good will come from God.
S: Self-help, dependability.

47. *Cona wafumapo mbeŵa zifwase*
The cat has gone away, let the rats be at ease.

40. Ciuta wakuniwona wakaliwa
T: "God is seeing me" was caught up by danger.
C: Ciuta wakovwira aŵo wakujivwira ŵekha.
M: Refering to lazy people: those who do not want to do anything about their situation. God helps those who help themselves.
S: Prudence.

41. Ciuta wakutemwa ŵambura mawonekero ghaweme rekani wakalenga ŵanandi
T: The Lord prefers common looking people: that is why he made so many of them.
C: Vinthu vyakutowa comene vikuwoneka kaŵirikaŵiri cara. Kweniso para vyasangika vikukaŵa cara kumara nakwanangika ndipo ivyo vikusangika palipose na vyakukhaliska nivyambura kawonekero m'maso. Kaŵiri kaŵiri ŵanakazi awo ŵakukhaliska pa nthengwa na ŵankharo yiweme mbambura kutowa.
M: Things that are so beautiful are very rare to come by. And when these are found they are delicate and easily break or come to an end, but the common looking are plentiful and usually stay longer and are more durable. In terms of marriage the most beautiful ones rarely get married and rarely have comely marriage-worth manners, as compared to the common looking.
S: Beauty, fairness, virtue.

42. Ciŵanda ca munyako ugonele pawalo?
T: Would you sleep in the open (relying for protection) on the guardian spirit of a neighbour?
C: Kugomezga ŵanthu ŵadera pakucita vinthu vya m'nyumba yake munthu cara. Wajithembe yekha pamilimo yake.
M: Do not depend on others for your well being, do your own thing.
S: Dependence.

43. Ciwawa mwe! nga wapulika
T: Noise please! It means you have heard.
C: Makani ghakuyowoyeka ghakwiza usange taghapulika.
M: We learn by listening and hearing.
S: Patience, openness.

44. Ciŵiya cikuswekera pa mulyango
T: The water-pot breaks at the entrance of the house.
C: Vinthu nyengo zinyake vikwanangika wafika kale kuumaliro, nkhuweme kupwelelera.
M: Sometimes things get spoiled towards the end, better be careful

to the end.
S. Cautiousness.

45. Ciŵiya para casweka casweka/Para nafwa naŵera nafwa
T: When a clay pot is broken, it is gone for good/When I die I am dead.
C: Usange cinthu canangika nkhunonono kunozgaso nga nchiŵiya para casweka.
M: Have the serenity to accept the things that cannot be changed.
S: Acceptance, serenity, resignation.

46. Cona wafumapo mbeŵa zifwase
T: The cat has gone away, let the rats be at ease.
C: Mbeŵa zikopa comene cona cifukwa cakulya ca cona ni mbeŵa. Sono para mbeŵa zawona cona zose zikubisama nakuleka nakulira wuwo, kung'anamura kuti usange pa nchito panji pa nyumba bwana wankhaza panji mupapi mukali wafumapo ndipo ŵanchito ŵanyakhe panji ŵana ŵakufwasa.
M: Rats fear cats because they are cats' prey. Thus, when rats smell a cat, they cower away. Meaning that at the place of work or at home when a cruel boss or parent goes away that is when the subjects or children will feel at ease.
S: Freedom, impish.

47. Cule wakazizwa m'maji umo nchikaya cake
T: The frog was surprised in water, which is its home.
C: Munthu uyo wakucuruka mwautesi apo cinthu ico wacita ndiyo.
M: A person who pretends to be surprised at an issue which he himself has committed.
S: Pretence, insincerity, dishonest.

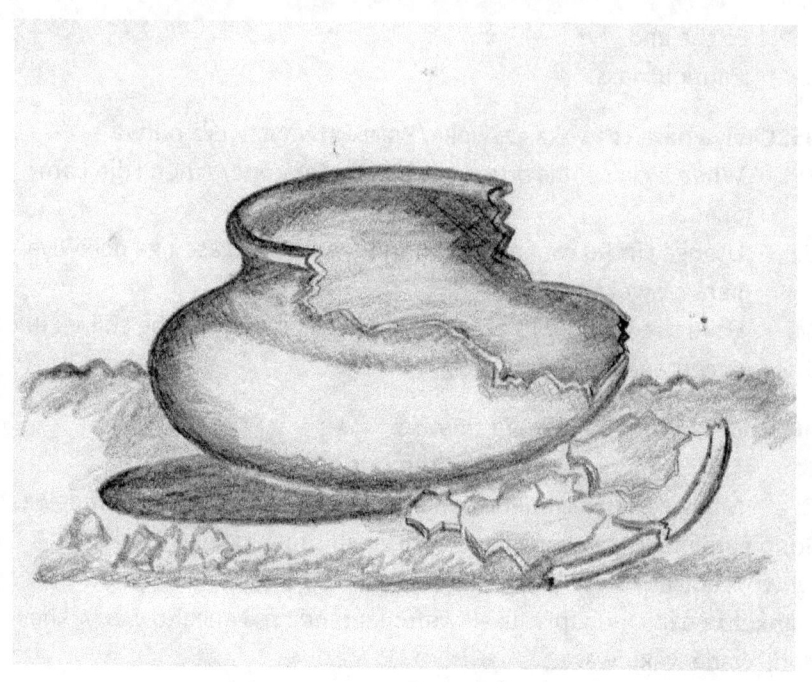

45. Ciŵiya para casweka casweka
When a clay pot is broken, it is gone for good

48. Cule wakazizwa maji ghali musingo
T: The frog was surprised when the water was up to the neck.
C: Kuzizwa na cinthu ico nchakumanyikwa kale.
M: Be surprised at something that is common knowledge.
S: Insincerity.

49. Cuma (usambazi) ni m'cira wa mbewa, ukusaŵa cara kukhululuka
T: Riches are like a rat's tail, which easily peels off.
C: Cuma para wacisanga cikukhumba kucikora makora cifukwa nga ni m'cira wa mbewa para wacikola uheni cikusaŵa cara kuyoyoka. Para uli paweme unganyozanga ŵanyako cara cifukwa para wazakakavuka uzamusoŵa ŵakukovwira.
M: Riches need to be protected because like the tail of a rat it easily peels off when held wrongly. When you are doing well do not despise

others because you will need them when you become poor.
S: Riches, poverty, prudence.

50. Folo lako ndilo lili pa mphuno
T: Your snuff is the one on your nose.
C: Kuŵerengera vinthu vyambura kuwoneka na maso kureka vyakuwoneka panji ivyo uli navyo kale.
M: Banking one's hope on things one cannot see, instead of what one already has, because of what they seem to be.
S: False hopes, illusion.

51. Folo likunowa nda ŵanyawo
T: It is your neighbour's tobacco that is nice.
C: Cinthu camunyako cikuwoneka cakunowa kuruska cako.
M: Things look brighter and more pleasant on the other side.
S: Impression, lure, attraction.

52. Fumu mbusetero
T: The chief is tissue for cleaning after relieving oneself.
C: Kwafumu ndiko tikutaya vyose; viweme na viheni wuwo.
M: The chief is like (a waste) dumping place where the good and the bad are dumped.
S: Docility, diplomacy, reconciliation.

53. Fwiti ntha yikulambalala nyifwa
T: A witch/wizard does not by-pass a funeral.
C: Nkhunonono kuti munthu wareke mwalupusu cinthu ico wali kuzgoŵera kucita.
M: Bad habits die hard.
S: Habit, routine.

54. Fwiti yanakazi njinonono
T: A witch is hard-hearted.
C: M'makhaliro ghithu, fwiti yanakazi njankhaza ndipo yikupulikira vyaŵanyake cara.
M: In popular belief, a witch is cruely stubborn (compared to a

wizard).
S: Hard-heartedness.

55. Fwiti zikumanyana
T: Witches know one another.
C: Ŵanthu awo ŵakutemwa vyakulingana ŵakumanyana.
M: People who do like things know each other.
S: Cunning.

60. Gule kukonda ndiwe wamweneko
For a dancing party to be exciting, it is up to the host

56. Gomezga ciuta kweni pwerera nchito yako (pakuti Ciuta wakovwira awo ŵakujovwira)
T: Trust in God but take care of your work (because God helps those who help themselves).
C: Ŵanyakhe ŵalipo awo ŵakughanaghana kuti Ciuta waŵapenge cilicose muumoyo wawo nanga ŵareke kupwererera nchito yawo iyo ŵali nayo.
M: There are some who think that God will give them everything in their lives even if they do not care for the work they have.
S: Delligence, hardwork.

57. Gona mawoko munthangalalo
T: Sleep with hands between thighs.
C: Kugona wambura mwanakazi cifukwa cakuti wafumapo.
M: Sleep without a woman because she has gone away.
S: Loneliness.

58. Gona pamukungununu
T: Sleep on a night-jar.
C: Kugona wambura kudika / kugona wambura mwanakazi.
M: Sleeping without a covering / sleeping alone without a woman.
S: Loneliness, poverty, lack.

59. Gonani ni mweneko nyumba
T: Spend the night here depends upon the owner of the house.
C: Mulendo wangajitolera yekha kanthu cara ku nyumba ya cilendo mpaka mweneko wamupe.
M: A visitor cannot do anything without the permission of the host.
S: Hospitality, uncertainty.

60. Gule kukonda/kuvutwa ndiwe wamwmeneko
T: For dancing party to be exciting, it is up to the host.
C: Kuti wamunthu ico ukulinga cicitike udankhe ndiwe wamwene kuŵikapo mtima. Kulindizga ŵanyako cara.
M: If one is to succeed in achieving one's goals then one must strive

to do so.
S: Hardwork, effort, initiative.

61. Gwentha kutuma
T: Dodging to be sent.
C: Munthu wambura kugomezgeka na ŵanyake pa ivyo ŵamutuma panyakhe ŵakucita mulimo na mulomo waka kuyowoya ndiyo ŵakuti gwentha kutuma.
M: Someone who is not trustworthy to others to entrust him with anything.
S: Abscondiment, truancy.

62. Gwenyugwenyu wakasula vukuvuku
T: The one who walked barefoot- now is walking in affluence.
C: Munthu mukavu uyo wasambazga cifukwa cakulimbikira pa mulimo ndiyo ŵakuti wasula vukuvuku.
M: Someone who had been poor after hard work becomes rich and lives in affluence.
S: Affluence, riches, poverty.

63. Homwa lake ni zawam'mbale (nizawambale) linyakhe ni ga-ŵatunini
T: His spear's name is "it has fallen in the plate" the other is "give very little". Or elephant should avoid his spear (but) his other (name) is stingysharer.
C: Kale kukaŵa munthu uyo wakaŵa ciŵinda wanyama uyo usange waruta kucisokole wakawerangako waka cara kweni wakaŵaso wacigolo (mwimi) comene. Sono ŵakuyowoya za munthu uyo ngwakusangako makora kuluska ŵanyakhe kweniso wacigolo (mwimi) comene.
M: There was a man who was a very successful hunter but who was also very stingy in sharing his meat. Now it can be said of a person who is well off in terms of material possessions but who is also very mean in sharing.
S: Greed, stinginess, meanness.

64. Huwa (leza) mu khuni kuti likuwereramo kaŵiri cara
T: Lightening does not strike any one tree twice.
C: Pamalo apo munthu wanangirapo kuti wangawerezgaso cara cifukwa wakumanya kuti ŵatimukolengeso ngati mphakwamba.
M: This is said of someone who is repeating a wrong done to another.
S: Prudence, opportunity.

65. Ici canowa ico canowaso pusi wakaphumuka navyakurya
T: This is sweet that is also sweet, the monkey burst open because of overeating.
C: Mwanakazi panji mwanalume muleŵileŵi uyo wakusankha cara uyo wangagona nayo paumaliro wakufwa cifukwa cambura kujikora.
M: A promiscuous woman or man because of lack of self-control will definitely die at the end of the road.
S: Greed, contentment.

66. Ici nchivici, ni para muli ŵawiri
T: What is this, you can ask only when there are two of you.
C: Pawekha munthu ungacita kanthu kalikose cara. Munthu waliyose wakukhumba ŵanyake kumovwira.
M: It is only human to live in society.
S: Collaboration, association, company.

67. Ico wacisanga kuti ucite cita na nkhongono zako zose
T: Whatsover your hand finds to do, do it with all your might.
C: Ukata pa nchito nguweme cara cifukwa ukulyeska mavi, ndipo munthu kuti wasange viweme nipara wakulimbikira pa nchito.
M: Be diligent at work because laziness is not profitable.
S: Diligence, hardwork.

68. Ine uyo ji kuti nim'tole
T: I swear I will not take him.
C: Nkhuweme cara kucita vinthu vyakujitemwa pa umba, cifukwa umaliro wake ukutaya navyo mwaŵi wakusangira viweme.

M: Egoism in society deprives one of better things.
S: Self-centredness, egocentricism.

69. Ineine palije wakuniruska kupakula njuci
T: Me – me, no one can surpass me in extracting honey from the honeycomb.
C: Nkhuweme cara kujipulikizga kweniso titegherezge ivyo ŵanyithu ŵakuyowoya.
M: Self-praise is no recommendation. Take heed of other people's wise advice.
S: Openness, self-opinion.

70. Iwa nkhope (cisko) (wati zwindi)
T: Fallen face.
C: Kucita soni cifukwa cakususkika.
M: Feel a sense of shame after being chided.
S: Shyness, remorse.

71. Jekete ntha ŵakuvwitikira
T: You cannot tuck in a jacket.
C: Tingacitanga vinthu ivyo vikupambana na ukhaliro withu cara, nga nkhuvwitikira jekete.
M: Trying to do the unusual.
S: Absurdity, novelty.

72. Jembe ntha likuteta apo lalima para wapanda mpaka ukololepo
T: A hoe does not lie, when you plant you will surely harvest.
C: Munthu wakwenera kuteŵeta cifukwa usange wareka wangasanga kaweme cara nga ni umo usange walimira na kupanda mpaka ukololepo.
M: A person must work in order to find something good just like where the hoe has worked if you plant you will surely harvest something.
S: Hardwork, determination.

73. Jino lane nchisekeseke, likuseka na ŵamunthowa
T: My tooth is ever laughing, it laughs with passers-by.

C: Munthu mwanangwa na wakufwasa uyo wakupokerera waliyose pakaya pake.
M: A generous person who welcomes everyone at his home.
S: Generosity, benevolence.

74. Jungu ndakudanga la pamanyuma ntha likulera
T: Only the first pumpkin is the real one, the one that follows does not rear (children).
C: Mwana ngwakudanga para wafwa wapamanyuma ungagomezga kuti uzamulera cara; ngati ni jungu lakwamba ndilo likulera ŵana mu nyengo ya njala.
M: The first child is the important one, when this one dies the one that follows cannot be trusted to survive; like the first pumpkin which is able to save children during periods of scarcity.
S: Reliability.

75. Juŵani la pamcenga ŵakwambira pamoza
T: When racing on sand you all start at the same time.
C: Usange munthu wakukhumba kusanga vinandi pamulimo, wakwenera kwambira pamoza na ŵanyakhe. Mwambi uwu ukuyowoyekaso pa cakulya usange nchapaumba, mose mukwenera kwambira pamoza kuopa kuti munyakhe ŵangamuzgerera.
M: If a person wants to gain a lot in any endevour, he must begin together with others when they start. This is usually said during meal times where there are many people eating from the same plate so that they should start eating at the same time in case one does not find the food.
S: Delay, procrastination, laziness.

76. Kacande ka derere (bwenkha) kakwenderana
T: The little laddle of okra moves from house to house.
C: Iwe wapoka kanthu ku munyako nawe uzakamupangako namacero para nayo waŵavya kanthu cifukwa munthu wangaŵa navyo vinthu vyose dazi lose cara. Usange ukupa nawe ŵatikupenge.
M: One good turn deserves another. When one has some good

　　　　dish, one shares it with one's neighbour.
S:　　Sharing, reciprocity.

77. Kadeka pa mphuno
T:　　It has landed on my nose.
C:　　Kanikhalira pafupi comene ningacitapo kanthu cara. Ni mwanase wane palije ico ningacita.
M:　　It is too close to me to do anything. He is my relation, I cannot do anything.
S:　　Dilemma, misfortune.

78. Kafulu ako tangwambukapo kakuniseruska
T:　　The little tortoise we used for crossing nauseates me.
C:　　Kunyozera awo ŵangutovwira pa nyengo ya masuzgo nkhuweme cara cifukwa nyengo yinyake tizamukhumbaso kuti ŵatovwire.
M:　　It is not good to despise those who helped us in times of our trouble because we may need their help again.
S:　　Impudence, ungratefulness.

79. Kafwe na kafwe
T:　　Whatever dies, dies.
C:　　Kulimbana comene pa ciphalizgano.
M:　　To compete the hardest ever.
S:　　Rivalry, competition.

80. Kajilange mphondo/mphembe zikwiza kumaso
T:　　The man who likes to have his own grows horns on his face.
C:　　Ico munthu wataska kucita wakucisanga/Munthu watwake.
M:　　It is said that at one time all animals wanted horns and asked the Creator for them, but the warthog specified a fashion distinctive to himself. In a time of draught when the only available water was under an overhanging rock, it was him who suffered.
S:　　Self-conceited, inflexibility.

81. Kajilange munkhwala wuli na yekha
T:　　The self-opinionated man has his own medicine (and therefore

C: Munthu wambura kupulika twaŵanyake wangawovwirika cara munyengo yasuzgo.
M: One who does not listen to advice will not be assisted in time of trouble.
S: Inflexibility, obstinacy.

82. Kajilange ntha wakweruzgika
T: The self-conceited person is never advised/corrected.
C: Munthu wakujitemwa kuti wakukhumba kupulikizga vya ŵanyake cara nanga ni vyakumsoka mpaka uheni ujumphe mahara ghake.
M: One who cares only about himself does not listen to advice, even if warned until trouble overtakes him.
S: Obstinacy.

83. Kajilange zikamlanga ni nkhulande/nkhungumukoma
T: The man who takes his own way took advice from soldier ants.
C: Cifukwa cambura kufumba munthu ungamanya kunjira musuzgo.
M: Where there is no counsel it is easy to land into trouble.
S: Advice, counsel.

84. Kakucepa nkhakuvwara, cakulya ntha cikucepa
T: Only clothing can be said to be too small, food is never too little.
C: Nthowa yakucemera mlendo pa cakulya nanga cicepe.
M: A way of inviting a visitor to a meal, however little.
S: Hospitality, sharing, generosity.

85. Kakuni ka pamphara nkhakukoleranako
T: The chair at the common visiting place is held by everyone.
C: Mulimo wapaumba ukusaŵa cara kumara cifukwa cakovwirana.
M: Work that is done communally is easily done because they help one another.
S: Cooperation, sharing

86. Kakutumizga (twakutumizga) (nkhaheni) njoka ŵakayima (ŵakayinora) weya
T: Sending for a thing (is bad) the snake was denied hair.
C: Kutumizga munyako kuti wakakuyowoyere panji kukutolerako kanthu panjiso kucitirako kalimo kalikose wangamanya kutondeka.
M: It is better to do a job yourself; the snake in the story sent for his hair instead of going to get it in person and has been bald ever since.
S: Faithfulness, mistrust, self-reliance.

87. Kakwiza kekha kana msiku/kakulawura
T: What comes on its own is an omen of misfotune.
C: Kusanga kanthu nkhugwirira nchito, kekha kuti kangiza cara.
M: Work hard to achieve good things in life. Nothing comes out of nowhere.
S: Misfortune, hardwork.

88. Kali pamunyako ukumwera maji (ukujurako ku mulyango)
T: When it is on your neighbour you drink water.
C: Usange suzgo lawira munyako iwe pakughanaghana ngati mbulankhasi (masowero) ndipo pakuya kamovwira panyake kumulinda ukudanga kuzuwulika, uku munyako wakukhumba wovwiri paluŵiro comene. Kweni usange cakusanga iwe ukukhumba ŵanyako ŵendeske luŵiro.
M: When a neighbour is in trouble and needs our immediate help, we often take it very lightly and slowly (we drink water). But when we need help, we expect others to come to us immediately.
S: Self-evaluation.

89. Kalimo ntha kakucepa
T: No work is too small.
C: Nanga kalimo kangayuyuka m'maso, tigwire na mtima wose nakupwererera.
M: Every undertaking, no matter how little it may be, needs the

utmost attention.
S: Appreciation, attention, thoroughness.

90. Kalulu wakapulika lizgu lakudanga
T: The hare heard the first word.
C: Mazgu ghakudanga pakuphara makani nyengo zinandi ndiwo ghakuŵa ghaunenesko ghaciŵiri ni viŵi cara.
M: Normally the first statement given in a case contains the truth not the second one.
S: Attention, truth.

91. Kalulu wakupyolera mtunda
T: The rabbit (hare) burdens because of distance.
C: Katundu mupepu (muyuyu) wakupyola usange wayegha mtunda utali. Nanga ni mulendo wusange wakhaliska pa cikaya wakuzgoka mphingo.
M: A light luggage becomes heavy when carried over a long distance. Even a visitor when he over stays will become a burden.
S: Burden, fatigue, boredom, monotony.

92. Kalulu walikumtimba m'makongono
T: Kalulu (the rabbit or hare) has beaten him in the knee-joints.
C: Munthu wambura kubaba
M: An impotent person.
S: Impotence, fertility, reproduction.

93. Kamunwe kamoza kangatinya nyinda cara
T: One finger does not kill a louse.
C: Nchito zinandi zikukhumba uŵiri, munthu yumoza wangakwaniska cara; nanga ni masoŵero nawo ghakukhumba uŵiri. Vikuyana waka napakutinya nyinda minwe yiŵiri yikukhumbikwa.
M: Just as one finger cannot pick up a louse so also working and doing things alone is not of much use; you do not achieve much.
S: Partnership, cooperation, interdependence.

94. Kanalume kamitala kuthongomala! citengo cake ni mbavi, jiso ku mulyango

T: A polygamist squats, his stool is an axe handle, with his eyes fixed on the door (ready to take off).
C: Mwanalume wamitala walije cikhazi m'nyumba yimoza cifukwa wakukhumba kukondwereska wose ŵawoli ŵake. Nchinono comene kukondweska wose pa nyengo yimoza; sono ndiko kukhala nyang'ama maso kuwalo kuti panyakhe kukwiza thenga lakumucemera ku nyumba yinyake.
M: A polygamous person is not settled in one house because he must satisfy all of his wives. It is difficult to satisfy them all at once, thus he only squats with his attention outside to see if anyone is coming with a message that he is needed in another house. A polygamous person never settles down.
S: Instability.

95. Kanalume nkha mnjiri, ku mucembo kakunjirira matako

T: The warthog is manly enough; it enters a burrow buttocks first (facing the entrance).
C: Uyo nimwanalume wambura ŵofi para cirwani cikwiza wakukomana naco ngati nkha mnjiri kweni wa wofi wakulazgako msana nakucimbira.
M: A brave man, like a warthog, faces danger when it comes while a coward runs away.
S: Bravity, cowardice.

96. Kangaŵa kako wamwene udaŵilengeko

T: If only it were yours you would be able to admire it.
C: Ŵanthu ŵanyake ŵakudokera ivyo wamunyawo wasanga apo iwo ŵakutondeka kuti ŵasange.
M: Some people covet what others have achieved or acquired like possessions but they themselves cannot make it.
S: Freedom, possession.

97. Kanthu ako wapulika lyerapo sima

T: What you have heard eat (sima) thick porridge over it.
C: Kuzikira pakucita vinthu nkhuweme kuruska phyumphyu.

M: Better be patient in one's dealings.
S: Patience, caution.

98. Kanthu kali ku njoŵe
T: Something is at the nail-tip.
C: Kumanya kanthu ni para uyo wakumanya wakuphalira panji kukulongora.
M: The one with the know-how is the one who can show you how to do something.
S: Education, knowledge, instruction.

99. Kanthu kali nakuzgoŵera zovu yikazgoŵera minyanga
T: A thing must be used to, an elephant is used to carrying heavy tusks.
C: Usange munthu watolana na munthu muheni panji wakusuzga sono wazgoŵera kukhala nayo nanga ŵanthu ŵangazizwa kuti wakukhala nayo uli munthu wa nthewura mweneko wakuonapo suzgo cara.
M: When one is married to a particulary difficult person and learns to live with that person others may marvel but the owner gets used.
S: Endurance, resignation.

100. Kanthu kanakuyezga tambala wakayezga a nyina (ndipo wakacita)
T: Things must be tried. The cock tried its mother and won her (love).
C: Limbikira kugwira nchito nanga yiŵe yinono kuti utonde.
M: You cannot achieve anything if you do not try.
S: Hard work, daring.

101. Kanthu ni kako walyapo, ka muthumba ŵakutola
T: Anything that you have eaten is yours, that which is in the bag may be taken away.
C: Usange pali mwaŵi wakuti ucite mulimo uli wose citirathu, cifukwa nyengo zinyakhe mwaŵi wanthewura paŵavyenge.

M: When you have time to do something do it while opportunity lasts. (Make hay while the sun shines).
S: Opportunity.

102. Kanthu nkhako kamunyako kanasuzgo
T: The thing is that which belongs to you, what belongs to your friend has problems attached.
C: Kanthu kamunyako kuti ungakagomezga cara cifukwa para ucali kucitirako nchito, ndipo mweneko wakukakhumba. Sono iwe wakhala mawoko ghawaka.
M: With what you own you can do anything. You cannot depend on someone's tool, because while you are still using it the owner wants it back.
S: Ownership.

103. Kanthu nkhako wamwene ukubenekula nakulingizgamo
T: The thing is what belongs to you, that of another puts one under obligation.
C: Ico nchako ungacita umo ukumanyira caŵene ukupwerera kuti ungananga.
M: What belongs to you, you can do with as you wish, but you may not have access to other people's belongings.
S: Ownership, freedom.

104. Kanthu nkhako
T: The thing is what belongs to you.
C: Wamunthu unyadirenge kanthu ako nkhako cifukwa kaŵene kanaskamba.
M: One must be proud of one's achievements because what belongs to others has a lot of strings attached to it.
S: Self-reliance.

105. Kanthu nkhako, kamunyako kanazaza
T: The thing is that which belongs to you, that of another puts one under an obligation.
C: Koreska kanthu ako wasanga wekha cifukwa ungacita na umo

wakhumbira, kakupika kanamalango ghanandi.
M: Hold fast what you have worked for and achieved, you can do as it best pleases you, but what you have been given has a lot of strings attached to it.
S: Ownership, freedom.

106. Kanyerere kakatuma zovu/Kalulu wakatuma zovu
T: The ant sent the elephant/The hare sent the elephant.
C: Mwana mucoko wakwenera kutuma ŵalala cara. Sono para watangwanika wakwenera kudanga kuyowoya kuti "Kanyerere kakatuma zovu" ngati ni nthowa yakuperekera nchindi.
M: Said in apology when asking a senior person to do something for you.
S: Pride, service, respect, dignity.

107. Kaphiri kafupi ndipo ŵakukwererapo, litali cara
T: The short hill is used as a ladder for climbing up not the tall one.
C: Nyengo zinandi pa unandi mpaka waŵepo yumoza uyo wali yose wangiza nakuyowoya nayo kwambura suzgo sono munthu wa nthewura ndiyo nkhaphiri kafupi kakukwererapo.
M: Often times among people there will be one who can easily be approached with any issue.
S: Accesibility.

108. Kapokera kakudiza munwe
T: Intruding crushes the finger.
C: Munthu munyakhe wakakhumba kovwira mwanasi wake uyo wakayegha katundu muzito. Kweni pakureka kumanya mayeghero, wakadizika kamunwe. Kung'anamula kuti tipwererenge pakuvwira ŵanthu muzire tinjire musuzgo.
M: There was once a person who wanted to relieve a friend in carrying the luggage, but not knowing how to do it well he got hurt. We should be able to act with prudence in assisting others lest we get into trouble.
S: Instrusion, punishment.

109. Kapokera ŵakamudinya m'lomo
T: The intruder was kicked in the mouth.
C: Pakunjirira pamakani ghaŵene, mulendo wakanjira musuzgo.
M: In trying to join in a conversation the stranger got into trouble.
S: Chatting, intrusion, punishment.

110. Kapokera ŵakamudiza kongo
T: The intruder was kicked in the vagina.
C: Ntharika ŵakutemwa kuyowoya comene mba moŵa pakukanizaga ŵanthu kunjilirapo pa nkhani zawo.
M: This saying is normally spoken among drunkards in trying to block someone from joining a conversation.
S: Intrusion.

111. Kapokera ŵakamudumula lulimi
T: The intruder had her tongue cut off.
C: Para ŵanthu pa citemwano cawo ŵakuyowoya na kuseka, wawaka kuti uzgoreko mbwenu ŵakukutuka cifukwa makani ngako cara.
M: One should not interrupt when others are speaking; they may beat you up.
S: Conversation, intrusion.

112. Kasi mbewa ŵakusazga pamo na skawa?
T: Do they put mice and groundnuts together?
C: Mbeŵa zikutemwa comene kulya skaŵa, para mwasazga ndiko kuti skaŵa zaliwa. Mumazgo ghanyakhe ngakuti mwanakazi na mwanalume ŵakugona m'cipinda cimoza cara mbwenu ndiko kuti mwaŵatezga.
M: Mice or rats love to feed on groundnuts and should the two be put together it means groundnuts will be destroyed. In other words, it is said that a woman and a man cannot sleep in the same room; it would mean the two being subjected to temptation.
S: Temptation, contradiction.

113. Kasi nkhuku yingakana kamayi?
T: Can a hen refuse to be killed?
C: Ŵalala ŵakuyowoya Citumbuka ici pa mwanakazi wakutengwa kuti wangamukaniranga mufumu wake kugona nayo cara pakuti ndico wali kutengwera.
M: Elders use this saying of a married woman that she cannot refuse her husband his conjugal rights for that is her duty.
S: Relationship, marriage.

114. Kasi nyungu yingafumba nkhumba zanga unilye?
T: Does the pumpkin ever ask the pig to eat it?
C: Pakati pa ŵaTumbuka, nkhawiro kawo kuti mwanalume ndiyo wakusonga mwanakazi kweni kuti mwanakazi wangasonga mwanalume cara cifukwa kuŵenge nga ni nyungu iyo yikacema nkhumba kuti zanga unilye.
M: It is but normal for the man to look for the woman among the Tumbuka people not the other way round. It would be like a pumpkin asking a pig to come and eat it.
S: Etiquette, custom.

115. Kaukiramo kakwa phanana wakawira ku minga
T: Starting off like a grasshopper that plunged into thorns.
C: Pakucita cinthu panji kuyowoya munthu wakwenera kughanaghana para nchakwenerera panyakhe cara kuti wareke kunangiska panji kucita soni.
M: Said of one who jumps to conclusions.
S: Prejudice, unpreparedness.

116. Kauzganga ntha nifwiti, fwiti ni tilinganenge
T: An advisor is not a wizard, the wizard is the one who wants to be equal to you.
C: Munthu uyo wakusoka munyakhe kuti wataskike kuti ni muheni cara; kweni uyo wakuti apo iyo wali mu suzgo munyakhe nayoso waŵe mu suzgo mwakuti ŵalingane ndiyo ni fwiti.
M: By giving advice people never intend to do harm to somebody; they are actually wishing him well. They do not want to reduce

him to the same condition as theirs.
S: Advice, consel, goodwill.

117. Kaviwona kalyangapo, nyifwa yilije mazuŵa
T: When you see things (food) eat them, death has no days.
C: Nyifwa pakwiza ntha yikurayizga. Sono para uli na vinthu ngati nkhuku, ng'ombe, vyakuvwara na ndarama ukwenera kulya. Ŵanyakhe mbakaka comene para ŵafwa ŵakuvireka. Kweniso usange mwaŵi wakucitira kalimo wasangika citirathu cifukwa soka pakwiza likumanyikwa cara.
M: Make the most of present prosperity; misfortune may come when least expected. Enjoy what you have while opportunity lasts.
S: Utilization, timeliness.

118. Kavwa cete! makani ghacepa (ghasoŵa)
T: When it is quiet, there is nothing to say.
C: Makani pa mphala nganandi cifukwa ndipo madoda gha-kucezgera. Para ŵanyamata na ŵasepuka ŵati waka cete! cete! ndiko kuti makani ŵalije. Sono kuti ŵayambeso nkhani ndipo munyake wakuti: Kavwa cete makani ghasoŵa.
M: It is a way of arousing people to start speaking, especially at the common visiting place when it is becoming quiter for lack of stories.
S: Conversation, wit.

119. Kawe pano nkhatose
T: What will fall here is for us all.
C: Kubisa urwani nkhuheni cifukwa para suzgo lafika kuti lizamuŵa la munthu yumoza pera cara. Kusokana nkhuweme kuti mose muleke kunjira mu suzgo panyakhe muvitima.
M: Whatever comes up will be a common lot not just for one person. Be responsible, therefore, for the decisions you make so you don't end up in sorrow.
S: Solidarity, interdependence.

120. Kayuni kadeka pa uta
T: A bird has landed on the drawn bow.

C: Nchakusuzga kweruzga mulandu wa m'bale, comene para iye wanangira munthu yunji.
M: It is difficult to judge a relative's case as there are always feelings of favouritism.
S: Partiality, relationship.

121. Kayuni kako ni ako kali m'mawoko
T: The bird that is yours is the one in your hands (A bird in the hand is worth two in the bush).
C: Nkhuweme kukoreska ico uli naco kuruska ico ulije.
M: Better what you have already achieved than what you have not achieved yet.
S: Ownership, achievement, contentment.

122. Kayuni kakuŵereŵeta kalije mafuta
T: The talkative bird is not fatty.
C: Usange munthu wakutemwa kulaŵantha bweka wakuŵavya f undo zeneko za mahara.
M: A babbling person has no concrete intelligible points to make.
S: Civility.

123. Kayuni kalyalya kawira mulomo
T: A clever bird has been caught by the beak.
C: Usange munthu mulyalya wagodeka pa mulandu panji wanjira musuzgo cifukwa ca ulyalya wake ndiyo ŵakumunena kuti kayuni kalyalya kawira mulomo nga ni jongwe.
M: Said when a sly or cunning person has been cornered in a court case or has gotten himself entangled in some trouble because of his slyness.
S: Justice, punishment.

124. Kazgangana na karumembe kayuni ka na civwimbo
T: Mr. Kazgangana (Let-me-be-like-him) and Mr. Karumembe (cunning), the bird has its nest.
C: Ungazgangananga na munthu uyo wakumanya nthowa zake za ucenjezi cara cifukwa iyo wandakukutayamo waka iye mwene

wapona.
M: Do not try to compare yourself or follow a person who knows his crooked ways because he will get you into trouble while he himself will escape.
S: Cunning, immitation.

125. Kazingani nyungu mupeko ŵanyinu
T: Go and roast pumpkin seeds and give some to your neighbours.
C: Cakulya nanga ciŵe cicoko paniko ŵanyinu cifukwa namwe muzamudoka namacero para nawo ŵavisanga.
M: However little you have, share it with a friend(s).
S: Sharing, hospitality.

126. Kaziulikanga (zovu) zikampoka mahomwa (kanthu nkha khwapu)
T: Mr. Dawdler (Slow-coach) was robbed of his weapons/ had his weapons snatched away from him.
C: Pakukoma zovu ŵakakomanga na viliza ivyo ŵakakakangapo malibwe ndipo ŵakakweranga navyo mumakuni. Sono uyo wacedwa zovu zikamsanganga pasi. Para ukukhumba kucita kanthu, cita luŵiro. Reka kuziulika uzire ŵakusange penepapo nakukutondeska ico wate ucitenge.
M: Success comes from seizing opportunies.
S: Procrastination, opportunity.

127. Kazuzga milonga mazongwe ghakumutonda
T: The one who fills rivers (or streams), cannot fill gullies.
C: Vula nanga yize yikulu uli, kuphyola makuni, kugumula caro nakuzuzga milonga kweni mazongwe ghakuŵa ghacali mwazi.
M: Even after a heavy downpour that uproots trees, digs up the soil and floods rivers, gullies still remain empty.
S: Failure, conceit, vanity.

128. Khumbo na katimo ujisankhire wekha
T: Desire and "katimo" (heart) choose for yourself.
C: Munthu wakucita panji kugula ico cikumukondweska nanga

ŵanyakhe ŵangati: cireke ico tora ico mbwenu wali: "ico nkhukhumba ndico nicitenge."
M: A person does or buys what pleases him even if others may say: leave that one, take the other one, he will still say, "I will do what pleases me."
S: Pride, arrogance, obstinacy.

129. Khuni likuwira uko lagonera
T: The tree tends to fall following the side on which it has leaned.
C: Kanandi kanandi mwambi uwu wukuyowoyeka pa mulandu usange munthu wasangika pa mulandu wakukhwaskana na ivyo wakutemwa kucita, ndipo ŵakuti khuni likuwira uko lagonera.
M: Often times said in a case hearing when a person is found guilty of an issue involving the activities in which he loves to engage himself.
S: Responsibility, inclination.

130. Khuni ntha likupasa mahamba ghanyake pambere ghakale ghandawe
T: The tree does not grow new leaves before shedding the old ones.
C: Pa umoyo kusintha kweneko pa munthu kungiza cara mpaka macitiko ghakale ghalekekerethu.
M: Change in life presupposes abandonment of old ways.
S: Innovation, change, improvement, transformation.

131. Khuni para lakula lakugombeleka ntha linganyoloreka
T: A tree that grows up crooked cannot be straightened when fully grown.
C: Usange munthu wakula na nkharo yiheni nchinonono kuti wasinthe para wakura. Mwambi uwu ukiza cifukwa ca banja linyakhe ilo likaŵa na mwana uyo pakumulera likamulekelera mwakuti wakakula na nkharo yiheni. Sono zuŵa linyakhe apo ŵapapi ŵakhe ŵakati ŵayezge ku mucenya ndipo ni mulala, mwana wakafumba kuti kasi para khuni lakula lakugombereka mungalinyolora?
M: If a person grows up with bad behaviour it is difficult to change

in old age. This saying came as a consequence of a family that had a child who was left to himself without correction. That child grew up with bad behaviour. When one day the parents tried to correct the behaviour of their son he asked the parents whether it was possible to straighten a tree that is crooked when it is fully grown?
S: Advice, counsel.

132. Khutu kupulika bweka likupulika na nthengwa ya nyina
T: The ear hears everything it hears even about its mother's marriage.
C: Khutu kuti mungacita kulimangira mpanda cara kuti lireke kupulika vyakuyowoyeka.
M: You cannot prevent the ear from hearing what is being said.
S: Usefulness, inevitability.

133. Korana ubwezi na mphasa
T: Make friends with the mat.
C: Munthu uyo wakutandala pa mphasa cifukwa ca ulwari.
M: A chronically ill person who remains bedridden.
S: Illness, invalidness.

134. Kose kuli mathegha (malaro)
T: There are graveyards everywhere.
C: Munthu nyifwa ntha ungayicimbira cifukwa kose uko ungaruta ŵanthu ŵakufwa ndipo kuli madindi.
M: There is no way one can ever run away from death. Wherever one goes people die and there are graveyards.
S: Misfortune, death.

135. Ku maso ni walaŵira, kumuwongo ni wadekha
T: To the eyes he is one who watches, to the back he is one who is in false security.
C: Vyakumbere ungaviwona kweni kasi kumuwongo nako kuli maso? Vilipo vinandi ivyo vikucitika kuseri iwe wambura kuvimanya ungademwera waka.
M: You are able to see what is before you, but you are unaware of

what is at your back. More is happening than you know of.
S: Finiteness, limitedness, relativensess.

136. Ku mwana ŵakufyurirako soni
T: To a child one can impute shame.
C: Kale ŵalala ŵakatemwanga kwenda na ŵana kuti panyakhe ŵangathuta uheni (kunya ciskuli) mbwenu ŵatenge mwana ndiyo wacita. Mwana wakazomeranga kuti mulala wareke kukhozgeka soni, comene pa maso gha ŵamwali.
M: Long ago elders loved to travel with children just in case they farted, they would blame the child for it. The child would accept responsibility to save the elder's face, especially in the presence of girls.
S: Scapegoat, imputation.

137. Kucekuzgana nkhuyana (mitima), kuyuyulana mbupankhuzi (kujumphana, kusemphana mazgu, nkhwelulana)
T: To grow old together is to understand each other's mind (is to become like each other); disrespect is disruptive (surpassing each other is mutual belittlement).

129. *Khuni likuwira uko lagonera*
The tree tends to fall following the side on which it has leaned

C: Mwanakazi uyo mukuyana mitima na kovwirana mu zinchito mucekuzganenge kweni para mukuyuyulana mupatukanenge nakumazga nthengwa.
M: People of like mind, especially in marriage, are likely to stick together for life.
S: Disagreements, friendship.

138. Kucenjera pa maso mukati cisi
T: A clever face darkness in the inside.
C: Ŵanyakhe ŵakulongora kucenjera pa maso kweni mu mutu mulije mahara gha unthu panyakhe ghakusambira. Kucenjera kwekha kukulongora unthu panji mahara cara kweni nchito.

M: Some people look clever on the face but there is nothing in the head to substantiate that cleverness. Showing a clever face does not in itself or by itself prove that one is wise or intelligent but acts of wisdom and intelligence do.
S: Wisdom, intelligence.

139. Kucimbira cizgezge ca iye mwene
T: Running away from one's own shadow.
C: Kupusikizgira kuzizwa na kukana cinthu cakuti wacita ndiye mwene.
M: Pretending to be surprised and denying something you have done.
S: Dishonesty, cheating, pretence.

140. Kucimbira mbembe mbofi cara
T: To run away from a fight is not fear/timidity.
C: Kupewa vinthu ivyo vingakunjizga mu masuzgo ni mahara.
M: To flee from those things that might land you into trouble is wisdom in itself.
S: Prudence.

141. Kucita kanthu
T: To do a thing.
C: Usange munthu watimba panji wamupweteka munyake ndiyo ŵakuti wamucita panji kucita kanthu pa munyake.
M: Giving a thorough beating of someone or doing a great deal of harm.
S: Punishment, harm.

142. Kucitira nkhaza, nkhuku yikanya pa lwara (mphero)
T: Acting cruelly (selfishly, without consideration for others) a fowl defaecated on the grindstone.
C: Kucita nkhaza pa wumba wambura soni.
M: Committing acts of cruelty without any sense of shame.
S: Cruelty, insensitiveness.

143. Kudangira nkhufika cara
T: Starting off first does not mean reaching the destination first.
C: Cifukwa cakuti munthu wadangirapo pa ulendo kuti cikung'anamula kuti wafika cara cifukwa masuzgo panthowa ghangacedweska ulendo wose.
M: Starting off first does not necessarily mean that one will be first in reaching the destination because unforeseeable problems may derail the journey.
S: Haste, superficiality.

144. Kudikizga kalulu na nyiska
T: Chasing after the hare and the duiker.
C: Nkhunono kucita milimo yiŵiri nyengo yimoza, kuli nga nkhudikizga kalulu na nyiska vyose vyaluŵiro.
M: It is difficult to do two demanding things at the same time. It is like chasing after the hare and the duiker, both being fast-runners.
S: Indecision, dilemma.

145. Kufumba mtika ku bafa
T: Asking about moisture in the bathroom.
C: Kufumba cinthu ico ukucimanya kale zgoro lake. Kufumbira dala.
M: Asking a question whose answer is obvious.
S: Test, foolishness.

146. Kufumba ndiko kumanya nthowa
T: To know one's way is to ask.
C: Para munthu wakureka kufumba wati wacitenge cinthu ico weneleranga kucita yayi panji wendenge nthowa iyo weneleranga kwendamo cara. Para wapuruka ndipo wakughanaghana kuti nifumbenge mphanyi nindapuruke.
M: When a person does not ask, he/she will do something that should not have been done or may take a wrong turn. When he/she gets lost then he/she thinks: If only I had asked,
I should not have been lost.
S: Guidance, advice.

147. Kufumba ni wofi yayi
T: Asking is not being afraid.
C: Mazgu agha ghakuyowoyeka pakutauzga mulendo uyo wiza pa nyumba para ngwambura kumanyikwa makora na ulato wakuti wapereke malonje na ico wapukwa. Kweniso nyengo zinyakhe usange munthu uyo mukumanya kale kweni kuti mukuwonana kaŵirikaŵiri cara mwakuti wapereke malonje.
M: This saying is usually said as a greeting to a strange visitor who has come at one's home in order to elicit for more information from him. It is another way of asking the visitor what he has come for. But the same question can be posed to a well-known person who rarely comes to one's home.
S: Inquiry.

148. Kugona pakati nkhuyambirira
T: To be able to sleep in between friends one must go to sleep earlier.
C: Mwambi uwu uli kufumira mu mphara kwa ŵaukirano kuti usange munthu wakukhumba kusanga malo ghakuthukira mumphala watendekere kukagona pakati sono ŵanyakhe ŵizenge mumphepete zake. Ico cikung'anamula kuti usange ukukhumba kusanga vinandi pa mulimo uli wose iwe wamwene ukwenera kutendekera.
M: The saying came from the youth who (in the traditional setup) normally sleep together in one room and if one wants to sleep in a warmer place he must go to sleep earlier than the rest so that when the others come they should sleep on either side. This means that when one wants to find anything good in any endevour, he must start working earlier.
S: Determination, promptness.

149. Kugona tulo twa kalulu
T: To sleep the hare's sleep.
C: Cifukwa ca wofi wavinthu vinyakhe pa muzi mlendo wakugona makutu ghali kuwalo.
M: Because of fear in a foreign village, the visitor sleeps with

extreme watchfulness.
S: Alertness, watchfulness.

150. Kujiŵikamo, kamunchesi ntha ungaphika nchuwa
T: You are just overconfident, Kamunchesi, you cannot cook *nchuwa*.
C: Kujilongora ungwazi pa cinthu ico ungacicita cara.
M: Aspiring for a position for which you are not fit for..
S: Presumption, overconfidence.

151. Kujumpha nga mpha malaro
T: Passing as if it is by the graveyard.
C: Ŵanthu ŵanyakhe para ŵakwenda nanga ŵangawona ŵanyawo ŵakhala panji ŵawungana ŵakujumphapo nga palije ŵanthu.
M: Traditionally, you don't talk when passing by the graveyard for fear of waking up the dead. When someone passes by without greeting others, he is said to be passing as if it is by the graveyard. meaning that all who are there are like corpses.
S: Disrespect, arrogance.

152. Kukana salu ya ŵalala nkhutupika
T: The way to refuse the cloth of the elders is to soak it.
C: Munthu ungakana cara para ŵalala ŵakutuma nanga panji undakhumbe kuti ucite mulimo ula. Ico munthu wakucita, nchakuruta nakukacita pacoko mulimo ula nga ni umo ungacitira na salu kutupika waka.
M: One cannot say a blunt "No" when asked by an elder to do something even if one feels like saying it. So, what happens is that one goes off grudgingly and does the task only half-heartedly; for example, by only soaking the elder's cloths instead of washing them thoroughly.
S: Refusal, respect, tactfulness, deceit.

153. Kukana twapakweru
T: Refuse openly.
C: Kukana kwakusimikizga kwambura kukayikira.

M: Undoubted refusal.
S: Denial, rejection.

154. Kukhalirana khonde
T: Sitting on each others' veranda.
C: Kucitira ukaboni wautesi kuti munthu uyo wananga wapone cifukwa mphaubale.
M: To give false witness in order to save a relative who is in the wrong.
S: Nepotism, protection, defense.

155. Kukoma munkhwere nchikanga
T: To kill a monkey is a sign of courage.
C: Pa mulandu nchiweme cara kuzingilira, pakukhumbikwa kuyowoya cinthu ico camangika.
M: When judging a case do not beat about the bush, but go straight to the point.
S: Courage, radicalism.

156. Kukoma njoka nkhudumula mutu
T: To kill a snake is to chop off its head.
C: Cinthu ico cikutitondeska kuti titukuke pa umoyo withu tizgulirengethu. Njoka njaululu ndipo njakofya. Mpaka mudumule mutu mungayowoya cara kuti yafwa.
M: Make an honest guess for your need and tackle your problems right from the root.
S: Radicalism.

156. *Kukoma njoka nkhudumula mutu*
To kill a snake is to chop off its head

157. Kukoma nkharamu nkhuzikira
T: To kill a lion one has to be gentle and cunning.
C: Usange ukukhumba kucita kanthu kakuzirwa pakukhumbikwa kuzikira na ku sanga nthowa ya mahara.
M: Be gentle and take your time to achieve your goals in life.
S: Patience, gentleness.

158. Kukoma tuyuni tuŵiri na libwe limoza
T: Killing two birds with one stone.
C: Kusanga mwaŵi kwambura kuunozgekera nga ni para vinthu viŵiri vyacitikira pamoza wambura kughanaghananira.
M: Luck without parallel.
S: Luck, fortune.

159. Kukora kakondokondo
T: Holding the back of one's head.
C: Kunjira musuzgo likulu panji m'citima cikulu.

M: A sign of big trouble or deep sorrow.
S: Remorse, sorrow, bereavement.

160. Kukora manthanga
T: To catch a dilemma.
C: Munthu uyo ngwakutangwanika na milimo yiwiri nyengo yimoza wangakwaniska cara cifukwa yose yimutondenge.
M: One who wants to engage in two endeavours at the same time I s bound to fail.
S: Indecision, dilemma.

161. Kukora matondo nkhucerera
T: For one to catch caterpillars one must wake up early in the morning.
C: Pakukora matondo kukukhumbikwa kucelera, cifukwa para kwafunda ghakukoreka cara nthewura pamulimo uli wose pakukhumbikwa kucelera kuti wende makora.
M: Catapillars can only be easily caught very early in the morning while they are still sleepy and inactive. In the same way, one needs to embark on a task in good time if he is to succeed.
S: Promptness, dilligence.

162. Kukorana ubwezi na zumbwe ni para uli na nkhuku
T: To have the wild cat for a friend it is when you have chickens.
C: Para wakorana ubwezi na ŵanthu ŵaheni unozgekere kulondezga nkharo yawo. Cifukwa zumbwe wakutemwa nkhuku r ekani wakutemwenge para ulije, zumbwe wangakutemwa cara.
M: If you befriend people with bad behaviour, you must be prepared to follow them all the way. Because the wild cat loves chickens, he will love you for that but if you have no chickens, he will not love you.
S: Relationships, friendship, company.

163. Kukosera mtunda wambura maji
T: Sticking on to a waterless land.
C: Tingakoseranga vinthu vyambura phindu cara pa umoyo withu.

M: Do not cling to unprofitable things.
S: Obstinacy, stubbornness.

164. Kukunthwirapo
T: To suffer for naught.
C: Para cinthu nchayunji (munyakhe), uzamulinda ndiwe wawaka panyakhe kuthaska, uzamufwirapo kwambura njombe.
M: When one wants to get involved or save something or situation which does not really affect him and then suffers for it, it is when it is said that he has suffered for naught.
S: Intrusion.

165. Kukwinu nkhukwinu
T: Your home is your home (Home is best).
C: Para wenda unganyozanga kukwinu cara cifukwa para suzgo lafika ukumbukengeko nakuwererakoso. Ŵanthu ŵanyakhe ŵakutemwa kwaŵene kuruska kukwawo. Nchiweme kutozga kukwako kuti kuŵe kuweme.
M: A sojourner should not despise his home because in times of trouble he will need to go back to it. Some people hate their homes. Develop strong patriotic feelings because the voice of mother home will never get hoarse.
S: Patriotism.

166. Kulerera mwana ku citara kusi
T: Bringing up a child under the bed.
C: Usange mwana njumoza pera panji ngwakutemweka comene, ŵapapi ŵakumuleremeka, kumulyeska payekha tudende twankhaska pera ndipo nchito nayo ŵangamutuma cara, kweni iwo ndiwo ŵamucitirenge cose ico wakukhumba.
M: When a family has only one child who is greatly loved, parents spoil him.
S: Pampering.

167. Kulima munda nchitatata
T: It takes persistence to cultivate a garden.

C: Munthu ungasanga kaweme cara wambura kulimbikira na citatata.
M: You cannot achieve or succeed without persistence.
S: Determination, persistence.

168. Kumazga mulandu wa ciskuli nkhufunya mata
T: To pay for the crime of farting is to spit saliva.
C: Milandu yinyake yingamara cara mpaka ulipe kanthu nga ni nkhuku, mbuzi panji ng'ombe.
M: Some crimes cannot be closed until one has paid reparation/damages for the crime.
S: Reparation, responsibility, punishment.

169. Kumuwongo kulije maso
T: There are no eyes at the back.
C: Munthu ungalaŵiskako cara kumuwongo. Kuti tiŵe navinjeru vyakwenerera pa vinthu mpaka ŵanyithu ŵatisambizgeko.
M: One cannot know all things by himself unless one learns from others.
S: Evidence, education, interdependence.

170. Kumwana (nkhumarombero) ndiko tikurombera
T: We ask a favour through the mouth of a child.
C: Usange munthu wakupenja kanthu kanyakhe kanandi wakurombera kumwana; mwaciyerezgero angayowoya kuti, mwana wakukhumba maji ghakumwa apo iyo ndiyo wakughakhumba, ndipo para ŵamupa mwana wakumwapo iyo nakumalizga.
M: When someone is in need of something he will use a child to get it; he will say, for instance, that the child wants some drinking water while actually he needs it, and when given he shares it with the child.
S: Request, begging.

171. Kunjizgamo kamunwe ca Tomasi Didimo
T: Putting in the finger like the doubting Thomas.
C: Munthu uyo wakugomezga usange wawona. Kwambura kuwona wakukaikira pera.

M: The doubting Thomas who can only believe when he has seen.
S: Proof, doubt.

172. Kuno nkhuwalo, kukutemwana na cihengo/lusero
T: This is the world: it favours the winnowing basket.
C: Para wasambazga unganyozanga ŵanyako cara, kucitira namacero cakwiza ntha cikumanyikwa.
M: When you prosper in life, do not look down on others you never know what the future holds for you. In a world like ours, life must be lived with all prudence.
S: Prudence, caution.

173. Kunola nkhubisa
T: To refuse to give is to hide.
C: Usange munthu wakukhumba kuti waŵanole ŵanyakhe wabise cuma cake cose.
M: If one does not want to be generous one should hide all one's belongings.
S: Greed, meanness.

174. Kunyera mumbale yakulyerapo
T: Excreting in the plate.
C: Kwanangira munthu uyo wakukovwira.
M: Doing wrong to someone who supports you.
S: Ungratefulness.

175. Kupa nkhulimba
T: To give is keeping.
C: Ŵalala ŵakuti: Kupa nkhulimba, cifukwa namacero nawe wamukavuka ndipo wamupoka kwa yula ukamupako kanthu nyengo yila wakakavukira.
M: Elders say that helping someone in need is like depositing something for yourself to use in the future; because of your generosity, others will be generous to you also.
S: Generosity.

176. Kupenda (kuŵazga) nkhuku zambura kukonkhomora
T: Counting one's chicks before they hatch.
C: Mama munyakhe wakaŵa na nkhuku iyo yikagonera masumbi ghanandi. Pakuwona masumbi unandi wakati wana nkhuku zinandi. Soka ilo masumbi ghose ghakavivya. Wakagomezga vinthu ivyo ndivyo cara.
M: A certain lady had a hen that was brooding over many eggs. The lady began to boast that she had many chicks. Unfortunately, all the eggs turned bad.
S: Unreliability, misfortune, wishful thinking.

177. Kupepeka ndiko kulya nawo
T: To flatter is to eat with them.
C: Munthu uyo wakupepeka pa nchito panji pa cikaya caŵene ndiyo wakutemweka, ndipo wakulya nawo ngati nayo ni mwanangwa wa pa cikaya cila.
M: The one who knows how to flatter at work or in a village that is not his home is loved and is able to share in the good things of that place as if he, too, were a free born in that village.
S: Flattery, shrewdness.

178. Kuphika (kocha) nkhwa ŵamama kwa mwana kukuzimya moto
T: Cooking (roasting) is for mothers, for children it extinguishes the fire.
C: Para mwana wakocha kanthu panji ngoma yiŵisi pamoto ŵalala ŵakutl: "Reka ukuzimya moto," kweni para ŵanyina ŵakochapo nanga moto uzimenge kuti ŵakuyowoyako cara.
M: When a child is roasting green maize on an open fire, elders will say "stop it, you are putting out the fire"; but when it is the mother doing the same, no one says anything even if the fire is actually dying out. When a child goes wrong, he is easily chided but when it is a grown up nothing is said.
S: Prejudice, discrimination.

179. Kuponya cakulya ca ŵana kunkhumba
T: Throwing the children's food to the pigs.

C: Kupereka upangiri wavinjeru kwa munthu uyo wangaugwiriska nchito cara.
M: Giving advice to a person who is a fool and will not properly use it.
S: Wastefulness.

180. Kuponya fulu kusi ku nkhowani
T: Throwing a tortoise under a mushroom.
C: Ulato wakutayira fulu wanguŵa wakuti wasuzgike kweni m'malo mwakuwira paheni wakufikira kusi ku nkhowani iyo nchakurya cake.
M: The aim of throwing away the tortoise was to make sure that the tortoise suffered but luck was on the side of the tortoise as he fell under the mushroom, which is infact, his own food for him.
S: Fluke.

181. Kupusa nga ni Yikhedi wageza mumawoko waeka mumalundi muukandilo wamavi
T: As foolish as Mr. Yikhedi who washed his hands and left the feet which trod on human waste.
C: Mwambi uwu ukuyowoyeka kwa munthu uyo wakuleka kumanya ŵabwezi ŵake ŵeneko.
M: Used of one who does not know his best friends.
S: Indifference, discernment.

182. Kulomba nkhwiba cara
T: Begging is not stealing.
C: Kuti nkhwananga cara kuphalira mnyako masuzgo kuti wakovwire.
M: Asking someone for his assistance in time of need is not wrong.
S: Assistance, begging.

183. Kulumba luŵiro nkhwananga
T: It is wrong to praise someone prematurely.
C: Ŵanthu ŵanyake para ŵacita makora waŵalumba mbwenu viweme vila ŵacitanga ŵaleka ŵakwamba kujitemwa.
M: When some people are praised after doing something good,

they stop doing the good and begin to brag.
S: Priggishness.

184. Kulya cibwaka m'nyumba yako para muli mtende nkhuweme kuluska kulya nyama apo palije mtende
T: Eating potato leaves in your house with peace is better than eating meat without peace.
C: Nchiweme kukhala pamalo apo pali mutende nanga vyakulya visoŵe cifukwa nchipusu kusanga cakulya kuluska apo pali nkhondo cifukwa nanga nchakulya cila mungacisanga cara.
M: It is better to live in a place where there is peace for even if food is scarce it is possible to find it than in a place of war because even the very food cannot be found.
S: Peace, wrangling.

185. Kulyeska mwana nkhulyeramo
T: One eats by feeding the child.
C: Mulezi wa mwana ndiyo wakumulyeska. Sono pala nayo waziya wakulyako vyakulya vya mwana. Pala vyamara mulezi wakuphalira nyina wa mwana kuti mwana wakulira vyakulya vinyakhe uko vikumara luŵiro cifukwa cakumlyera mwana.
M: A baby sitter is the one who feeds the child. When she is also hungry, she will share the food and eat it herself. When the food is finished, she tells the mother that the food is finished. When some more food is given, she gives very little to the child and eats the rest.
S: Service, advantage, privilege.

186. Kusambazga nkhulya derere/bwenkha
T: To be rich is to eat *derere* vegetables.
C: Derere likumera m'thondo ndipo kuti munthu wakugula cara. Uyo wakukhumba kusambazga cuma cake wangasamphanyanga pakugula cakulya capacanya cara mwakuti cisungike ipo walye derere.
M: *Derere* (okra) grows naturally in the bush and so one who wants to be rich should not waste resources on luxurious foods.
S: Wastefulness, sustenance, deprivation, frugality.

187. Kusambira kukumara cara/masambiro ntha ghakumara
T: Learning has no ending.
C: Tikusambira zuŵa na zuŵa cifukwa pali vinandi ivyo tikuvimanya cara.
M: Learning is a life-long process.
S: Knowledge, schooling.

188. Kusambira nkhuweme kalulu wavwara skapato
T: It is better to be educated the hare has worn shoes.
C: Mazgu agha ŵalala ŵakuyowoya pakuciska ŵaukirano kuti ŵalimbikire masambiro cifukwa ŵazamujisangira ŵekha cuma.
M: These words are said by elders when encouraging the youth to work harder at school because then they will be able to find their own wealth and become self-reliant.
S: Education, encouragement.

189. Kuseka nkhwambura
T: Laughing (gloating) is contagious.
C: Para wawona munthu ngwakupendera, panji ni mukavu, wamba kuseka; sono mwa soka nawe namacero nga ukupendera, panji kukavuka ngati yula ukamusekanga.
M: When you see someone who is lame or poor and you gloat, the same predicament may fall on you.
S: Concern, reciprocity.

190. Kuseri kukutukiska mafumu
T: Behind the back the chiefs are maligned.
C: Nanga ni mafumu panji ŵalalaŵalala, ŵakutukika kuseri. Munthu ungamanya cara ivyo ŵakukunena kuseri.
M: Even the chief has to suffer evil-talk/ is scandalized; so, do not worry if people talk evil of you. It is impossible to know what is going on behind your back.
S: Gossip, slander.

191. Kusoŵera na cilwani (moto) mbucindere
T: Playing with a dangerous animal is foolishness.

C: Usange munthu wakusoŵera na cilwani (moto) uku wakumanya kuti cingamupweteka ndipo ŵakuti mbucindere.
M: When a person plays with a dangerous animal or fire while he/she knows pretty well that it would hurt him that is the kind of behaviour that is described as foolishness.
S: Recklessness.

192. Kususkana ndiko kukuzenga muzi
T: It is rebuking that builds a village.
C: Mu muzi muli tunandi ndipo uyo wananga wakwenera kususkika kuti waleke kuwerezgaso muzire wapankhule muzi.
M: In a village setting, there are so many things that happen and a wrong doer must be corrected so that he does not repeat the mistake to avoid destroying the village.
S: Correction, cooperation.

193. Kuswa mutu/wima mutu/iswa mutu
T: Break one's head/stop the head/crack one's head.
C: Cakupa maghanoghano comene.
M: Thinking very deeply and hard over a problem.
S: Worry, restlessness.

194. Kutandikira mphasa suzgo
T: Laying a mat for problems.
C: Munthu uyo nyengo yose wakusekerera para wali mu suzgo kuti ŵanyakhe ŵamulengerenge lusungu ndiyo ŵakuti wacita kutandika mphasa kuti suzgo ligonepo.
M: Someone who rejoices in problems so that others may pity him/her is said to be making a bed for the problems to sleep on.
S: Psychosis.

195. Kutaya m'cira mu nkhurande
T: Throwing one's tail on soldier ants.
C: Kuseŵera na munthu mukali panyakhe muheni uko ukumanya uheni wake, sono para wakupweteka ŵanthu ŵakuti: wakataya m'cira mu nkhurande wakatenge zimulekenge!

M: Playing with a cruel person while you pretty well know his behaviour.
S: Foolishness, recklessness.

196. Kutengwa kwa nyaluwezga
T: Getting married to nyaluwezga (woodpecker).
C: Nyaluwezga nkhayuni ako kakubisama nyengo ya vula nakufuma nyengo ya cihanya. Mwanalume mukata wakuyanana na nyaluwezga.
M Nyaluwezga (woodpecker) is a bird that can only be seen during the dry season. During the rainy season it will hide in a cave. If a woman is married to a man who is so lazy and fails to cultivate a maize garden during the rainy season, she is said to have been married to Nyaluwezga, (woodpecker) since during the rainy season the man is never seen.
S: Laziness, truancy.

197. Kuthya madiŵa na zinthepu
T: Setting up traps and snares.
C: Kusokweskana nyengo yose cihanya na cifuku.
M: Causing trouble for a person throughout the year's seasons.
S: Problems, misfortunes.

198. Kuti ine nili wambeu cara
T: I am not meant to be the seed for posterity.
C: Mazgu gha ghakuyowoyeka pamakani gha yifwa kuti tose tifwenge.
M: This is said in reference to death that we shall all likewise die.
S: Fate, death.

199. Kutondwa ca nkhara cule wana mukosi
T: To be puzzled like the crab, the frog has a neck.
C: Usange munthu wacuruka pakuwona vinthu vyacilendo ndipo ŵakuti ungaghanaghananga kuti vinthu vikuyana vyose "watondwa ca nkhara cule wana mukosi."
M: When one looks puzzled at seeing new things that is when they say not all things are the same you are puzzled like a crab, which

has no neck, the frog has a neck.
S: Surprise, marvel.

200. Kutola khongono lake munthu
T: Marrying one's own knee.
C: Munthu uyo watola mwanakazi mulesi/mukata comene wakuti wakutondeka kucita kalimo kalikose pa nyumba ndipo vyose w wakucita yekha mwanalume.
M: A person who marries a very lazy woman who is literally unable to do any type of work, and everything has to be done by the man himself.
S: Laziness.

201. Kutola muweme nkhwenda (ŵa Capita ŵatola Cawatula; cipiri cazula nyumba)
T: To get a good wife is to go far, (Mr Capita married Cawatula); (The Puff adder filled the house).
C: Kanthu kaweme kuti kangasangika pafupi nyengo zose cara, ipo munthu wakwenera kupenja, nanga ni mwanakazi wakusangika patali, kwambura kwenda kuti ungamusanga cara. Nanga ni Capita uyo waka-ŵavya nkharo cifukwa cakwenda wakatola mwanakazi wa nkharo na wakutowa, Cawatula, ndipo ŵanthu ŵakazula nyumba kuti ŵizekawone ca kuzizwiska ici.
M: You cannot always find a good thing nearby, therefore, a person must travel elsewhere. Even so, one of poor repute has to seek a wife where he is not known, just as Capita did when he married such a good and beautiful wife as Cawatula and crowds flocked to see the marvel.
S: Diligence.

202. Kutowa kwa cikuyu m'maso mukati muli nyerere
T: The beauty of the fig in the eyes, it is full of ants inside.
C: Comene comene mwambi uwu ukuyowoya na za cinthu ca-kutowa kuwalo m'mawonekero kweni mukati nchiheni kweniso munthu uyo ngwakutowa kweni nkharo yake njiheni.
M: In most cases this saying refers to something that looks

beautiful on the outside but the inside is not as beautiful.
S: Pretence, deception.

203. Kutowa nkhwawaka kukukomeska
T: Beauty is not good, it kills.
C: Cifukwa cakutowa nyengo zinandi ŵanthu ŵakuluwa kukhala umoyo wakwenerera ndipo ŵakuchedwa cara kufwa.
M: Because of being beautiful often times people forget to live self-controlled lives as a result they die quickly.
S: Beauty, attraction.

204. Kuula kucita ciweme ucali na umoyo ukufwa nga ni nchewe
T: He who does no good while he lives dies like a dog.
C: Kuli kuweme comene kucita milimo yiweme uko ucali na umoyo lumbiri lukuruta patali. Kweni para milimo yako yaŵa yiheni pa nyifwa yako ukusungika ngati ni nchewe.
M: It is better to do good works while you are alive, your good repute will go far. But when you do bad and have a bad reputation and you die you are buried like a dog.
S: Reputation, fame, popularity.

205. Kuula maloto wakakuŵira mapi fwiti
T: Mr 'Does not dream' clapped hands for a witch.
C: Munthu muweme panji muheni walije fungo. Awo ŵakuwoneka nga mbanyithu ndiwo nyengo zinyakhe ŵakwizakatiukira kunthazi. Nyengo zinyakhe lusungu tikucitira munthu mulwani ndipo cifukwa cakureka kumanya ukuzakadandaula.
M: The good or the bad cannnot be predicted or smelled out. The seeeming friend whom we praise is often the enemy who will destroy us. You never can tell the difference.
S: Discernment.

206. Kuundira uheni thundira wakatupa nthumbo
T: Burying evil 'thundira' (a cricket-like insect that has a swollen stomach and produces very poisonous water-like liquid which burns when it lands on the skin) swelled at the stomach.

C: Uheni kuti ungabisika cara para munthu wakukhumba kuubisa ukujilongola wekha.
M: Evil cannot be hidden, it always burges out and shows itself whenever one wants to hide it.
S: Secrecy, behaviour.

207. Kuuskapo liwozga nkhuzgula
T: To remove the sting is to pull it out.
C: Kuti munthu wafumemo m'masuzgo, wakwenera kuleka cinthu panyake nkharo iyo yamuŵika m'masuzgo.
M: Sometimes there is no soft way out of trouble; you just have to get rid of the thing that hurts. Go down to the root cause of the trouble and uproot it even if it hurts.
S: Radicalism, determination.

208. Kuuskirana mapiri pa dambo
T: Raising mountains for each other in the valley.
C: Kuŵikana m'masuzgo ghakulu.
M: Getting each other into big trouble.
S: Betrayal.

209. Kuvuna apo undamije
T: Reaping where you have not sown.
C: Munthu uyo wakusanga viweme apo iyo mwene wandasuzgikirepo ndiyo ŵakuti wavuna apo wandamije.
M: A person who reaps the good of what he has not worked for.
S: Exploitation, corruption, fortune.

210. Kuŵa mbeu ya malezi ntha ungasunga/ntha ni mbeu yakuti ungasunga
T: If it were finger-millet seed it couldn't be worth keeping.
C: Ndimwe ŵanthu ŵa mphuvya, ungatolerako cara.
M: Said of good for nothing people.
S: Untrustworthiness, worthlessness, unreliability.

211. Kuwalawala nga nkhunya kwa usiku
T: To wonder about like excreting at night

C: Kuyowoya mwakuzingilira wambura kuyowoya fundo yeneko.
M: A dilatory way of doing things; skirting around an idea.
S: Aimlessness, digressing.

212. Kuwezgera maji ku mukhobwa
T: Returning the water to the gourd handle.
C: Munthu uyo wanangira munyakhe para wakuyowoya mwa ukali ndiko kuti mulandu umarenge luŵiro cara sono ŵanthu ŵakunena yula wananga kuti wakuwezgera maji ku mukhobwa. Mulandu wa nthewura ukumara luŵiro cara.
M: When the wrongdoer begins to speak more angrily it means the dispute cannot easily be settled as people begin to chide the wrongdoer that he is dragging the case (returning the water back to the gourd). Such a dispute does not end easily.
S: Stubbornness, derailment.

213. Kuŵikapo mtima kukakoma mbeŵa za paciduli
T: Perseverance killed the anti-hill mice.
C: Usange tikukhumba kucita kanthu tiŵikengepo mtima.
M: If you want to achieve anything worthwhile, you need to keep on trying.
S: Perseverance, persistence, determination.

214. Kuŵikirana kunyuma/kukhalirana khonde
T: Put someone at one's back/To sit on each other's veranda.
C: Kuvikilira/kutaskana usange munyake wanjira mu mulandu.
M: Supporting each other.
S: Nepotism, protection, support, assistance.

215. Kuwiriska nkhanga pa cipingo camwene
T: Getting your guinea fowl caught in someone's trap.
C: Kukawa munthu uyo wakakora nkhanga m'cipingo cake ndipo pakuwerera kunyumba wakawona kuti cipingo ca munyakhe mulije kalikose. Sono wakayamba kuseŵerera cipingo ca munyake pakuwiriskamo nkhanga yake ndipo wacali wandamasule mweneko wacipingo wakafika nakumupoka nkhanga yila. Munthu uyo

waphangiska cinthu cake cifukwa ca wanice ndiyo ŵakuti wawiriska nkhanga m'cipingo caŵene.

M: There was a man who caught a guinea fowl using a trap. On his way home, he saw someone else's trap that had caught nothing. He began to play with the trap by letting it catch his prey. Just before he removed the prey from the trap, the owner of the trap came and took away the prey from him. The saying refers to someone who loses his chance to others because of his childishness.

S: Puerile, foolishness, carelessness.

216. Kuwona cimbwi nkhwenda usiku

T: To see a hyena is to walk at night (and not because of old-age).

C: Kuti munthu wawone vinthu vyacilendo ni para wenda ulendo nga ni umo munthu wangawonera cimbwi usange wenda usiku.

M: For a person to be able to experience new things one must travel in new places just like it is very probable for a night monger to see a hyena.

S: Experience, learning.

217. Kuwothera ka cityazama

T: Basking in the sun.

C: Para kuli mwaŵi wakuti munthu wacite mulimo uli wose cikuŵa ciweme kucitirathu apo nyengo yasangikira kulindizga nyengo yinyakhe uzamusanga kuti yikusangika cara.

M: When there is time to do any work do it there and then, because next time may never come.

S: Opportunity, advantage, punctuality.

218. Kuyaŵa mphangwe nkhusindama

T: To pluck vegetables is to bend.

C: Kuti munthu wasange vinthu wakwenera kugwira nchito nankhongono.

M: If you want something, sweat for it.

S: Effort, industriousness, hardwork.

219. Kuzenga nyumba munthowa musi nkhuzengera ŵalendo
T: To build a house beside the road is to build it for travellers.
C: Munthu nyengo yose wanozgekere kupokera ŵalendo na ŵamunthowa, comene usange wazenga nyumba munthowa musi.
M: One must be ready to receive visitors and travellers, especially if one's house is near the road.
S: Hospitality, resposibility.

220. Kuzirwa kwa mtondoli munyumba ya fumu
T: The respect of a lizard in the chief's house.
C: Kupokera nchindi cifukwa ca ŵapapi panji ŵabali awo tikukhala nawo nanga ise taŵene tili ŵakunyozeka.
M: The respect and honour accorded to an otherwise unimportant person on account of the dignity of his/her parents or guardians.
S: Honour, respect, affiliation.

221. Kuzirwa kwa munthu kukumanyikwa na ŵalwani awo wali nawo
T: A person's greatness is measured by the kind of enemies he has.
C: Usange ŵalwani ŵake munthu ŵayamba kudokera kaŵiro kake ndimo ŵalala ŵakale ŵakatenge munthu uyo sono wafikapo pakuzirwa.
M: When a person's enemies begin to admire his achievements that is when elders of old would say that that person has reached the level of greatness.
S: Greatness, success, influence.

222. Kuzuzga waka gaga mu khwapu (diŵa)
T: To put more husks in the stone-trap.
C: Usange gaga wazula mu khwapu tuyuni na mbeŵa zikulya gaga wa muwalo kwambura kukomeka.
M: Too much of the husks at the stone-trap gives chance of satisfaction to the mice or birds before they go under the stone. Go straight to the point without beating about the bush.
S: Substance, straightforwardness.

223. Kwa wanjala vyose vikunowa
T: To the hungry everything is sweet.
C: Nchiweme cara kunyozera munthu cifukwa ca mawonekero usange ukupenja ŵabwezi cakwamba tiwoneskeske nkharo yake pambere tindamutinkhe.
M: It is not good to despise someone by looks if we would like to have friends; first let us observe carefully before we reject.
S: Prejudice, observation.

224. Kwa ŵene ungalya pamoza na mulwani wako
T: In someone else's home you may eat with an enemy.
C: Usange wenda ndipo uli mulendo m'nyumba ya ŵene ulije mwaŵi wakucita ivyo ukukhumba panji kusankha awo ulyenge nawo pamoza, ungalya pamoza na ŵalwani ŵako.
M: When you are a visitor, you are not free to do what you want and to have the company you want; you may even end up sharing food with your enemy.
S: Humility, restraint.

225. Kwamula mwau nkhulomba, wathyemula wavipata (wayazamula wavilomba, wayethyemula wavipata) (wayethyemula wavilomba, wayazamula wavipata)
T: Yawning is begging, sneezing is rejecting them. [Others have it vice-versa].
C: Para munthu wali na njala wakwamula mwau, kulongora kuti wakukhumba vyakulya, panyakhe vyalema, panyekheso walwara sono wakukhumba kupumula, kweni kuyethyemula munthu wakufumya mvuci, sono ŵalala ŵakuti wavipata.
M: When a person is hungry or tired, or is sick he will usually yawn, showing that he needs food or rest, but in sneezing the person will emit air. Thus, elders will say he has rejected them.
S: Requesting, begging.

226. Kwaŵene kulije kulira (chitengero)
T: At someones else's place there is no shouting (crying), you may only invite trouble.

C: Munthu ukuusa kwa ŵene cara, para wacita nkhwesa ŵenekaya ŵakukoleranako nakukucimbizga.
M: When you are staying at a strange place and are being punished for some wrongdoing, it is not good shouting for help, you will only call in more people to help punishing you. You can only rule within the bounds of your home.
S: Freedom, safety.

227. Kwenda muluphya nkhuweme, kwavumbula tungwa wakumitha (kwavumbula Yimbilika mwana wa Manombo)
T: Walking in the burnt bush is good; it helped to discover a pregnant duiker (they dicovered Yimbilika, a beautiful woman, the daughter of Manombo).
C: Kwenda nkhuweme wamunthu ukukumanizga tunthu tuweme uto kwambura kwenda watenge utusangenge cara.
M: Travel enables one to obtain good things unobtainable at home.
S: Experience, learning, surprise.

228. Kwenda nkhuvina/nkhudenya
T: Walking is dancing.
C: Ŵalendo ŵakunena mwenekaya para wandaŵapokelere makora kuti: "Nayo wati wende dazi linyake, ka kwenda nkhuvina, nase tizamumpokelera nthewura."
M: A warning to treat passers-by well, for one never knows when one will be passing by the traveler's house.
S: Hospitality.

229. Kwenda pamoza nkhuyana mitima
T: To walk together is to have the same heart (mind).
C: Ŵanthu ŵakwendezgana panji kwenderana pa citemwano cawo.
M: People who have similar interests walk together.
S: Friendships, partnership, companionship.

230. Kwenda ŵawiri ni wofi yayi
T: To travel with someone is not fear.

C: Kaŵirikaŵiri usange ŵanthu ŵakwendera pamoza ŵawiri ŵakukhwimiskana ndipo wofi ukumara.
M: Many times when two people walk together they encourage one another and fear is dispelled.
S: Interdependence, cooperation, unity.

231. Kwenda wekha kuna mantha
T: Travelling alone makes one afraid.
C: Nchiweme cara munthu kwenda wekha ndipo ntha ungamanya ico cingakuwira.
M: Do not travel without a companion. You do not know what may happen when you travel alone.
S: Loneliness, fear.

232. Kwendera ku msana kwa malundi
T: Walking with the back of one's feet.
C: Kunyadira na cimwemwe cifukwa cakusanga kanthu apo wakaikiranga kuti ungakasanga.
M: Heavenly joy at the realization of a dream.
S: Joy, excitement.

233. Kwizira nkhanira kwa nyanja vula yili na kukwawo
T: Coming for ever like the lake, rain has its home.
C: Nyanja para yiza yikwizira nkhanira kweni vula yikumara. Kung'anamura para munthu uyo wiza pa cikaya caŵene ndipo wakhala comene kwambura kuwerera kukwawo ndiyo ŵakuti wali nga ni nyanja.
M: This is said to a guest who has overstayed his welcome.
S: Overstaying, unwelcome.

234. Libwe lakwendendeka ntha likumera dwambi
T: A rolling stone gathers no moss.
C: Munthu wakwendendeka wali nga ni libwe ilo likwendendeka na maji, walije cikhazi ndipo milimo yake nayo yilije cikhazi.
M: A person who moves about, like a rolling stone in water, is

unstable and his achievements too are unstable.
S: Instability, unsettledness.

235. Lulimi ndilo mbukaboni wa ivyo walya; nthumbo yikulongola kuti mwanakazi wagonana na mwanalume
T: Your tongue shows what you have eaten; pregnancy shows a woman has had intercourse.
C: Ico munthu wacita mucibisibisi cizamuvumbukwa nanga wayezge kubisa.
M: What a man does in secret will be known even if he tries to hide it.
S: Sign, evidence.

236. Lumbiri lukugonera cara
T: Rumours do not last long.
C: Lumbiri lukupulikikwa luŵiro. Munthu nanga wangayezga kubisa mpaka lupulikikwe kwene lukuluwika.
M: Rumour always finds a way of spreading, but it is soon forgotten.
S: Reputation, rumours.

237. Luseso lukulindizga mweneko
T: Backbiting waits for the one being back bitten/Slander awaits the owner.
C: Usange ŵanthu ŵayamba kuyowoya luseso ŵakwenera kucenjera cifukwa nyengo zinyakhe mweneco wakwiza nakupulika vyose.
M: Mention the devil and he is sure to appear.
S: Gossip, surprise.

238. Madazi ghakuyana ghose cara
T: Not all days are the same / All days are not Sundays.
C: Madazi ghanyakhe nga kukondwa ghanyakhe nga vitima, sono para uli muvitima ndipo ukukumbuka kuti madazi ghakuyana ghose cara.
M: There are joyful days as well as sorrowful ones. So, when bad

days come one remembers that all days are not the same.
S: Contentment, resignation.

239. Mahamba/mani nagho ghali na makutu ghakupulikira
T: Even leaves have ears for hearing.
C: Leka kughanaghana kuti cisisi cingabisika pakuti wayowoyera ku thengere, ungamanya cara uyo wakukupulikizga.
M: Never think something you utter in secret is absolutely free from being revealed.
S: Secrecy.

240. Mahara gha yekha wakapasila kaŵale m'nyumba
T: One who took no advice built a granary roof inside the house.
C: Nchiweme cara kujicitira pa wekha vinthu. Fumba ŵanyako kuti ŵakovwire mahara. Kuleka kufumba munthu wakucita vyakukhozga soni nga nkhupasira kaŵale mu nyumba.
M: Never ignore other peoples' advice. To do so one risks doing ridiculous things such as building a granary roof inside the house which makes it impossible to take out.
S: Obstinacy, advice.

241. Mahara ni wogha (nkhowani) ukwiza sima yamara
T: Wisdom is like a mushroom it comes when *sima* (stiff-porridge) is finished.
C: Munthu wambura mahara wakuyana na wogha uwo wukwiza pa cifuku (nyengo ya vura) apo ngoma za kupula sima zamara. Nyengo zinyakhe mahara ghakwizamo nkhani yamara.
M: An unwise person is like mushroom, which grows during the rainy season when food is scarce and is usually wasted because there is nothing to eat it with. Wisdom often comes too late.
S: Procrastination, wisdom, delay.

242. Majungu ghakufuŵa apo pali moto
T: Pumpkins are half-cooked where there is fire.
C: Mazgu agha ngakudandaulira mwana wa munthu muweme usange mwana wake ngwa nkharo yiheni.

M: A child's misbehaviour is often only an after correction.
S: Misbehaviour.

243. Makani ghakunozgera kupokerana (Nchezgo yikunozga kupokerana)

T: Conversation is sweeter in reciprocation.
C: Pa uŵiri na pa unandi pali makani ndipo usange njumoza pera uyo wakuyowoya ŵanyakhe ŵakuvuka na kupulikizga.
M: When there are two or more people chatting and only one person keeps talking others become bored with listening.
S: Conversatsion, discussion, talk.

244. Malonda gha mapuno ghakumalira ku munda

T: The trade of tomatoes finishes in the garden.
C: Vinthu vinyakhe phindu lake ndambura ku khaliska. Panji kuti vinthu vinyakhe vikusaŵa cara kuluwika.
M: Certain things have no lasting value. They are easily forgotten.
S: Importance, usefulness, transitory.

245. Manda ghavundira pa mulyango

T: Small (manda) mushrooms have rotten by the house.
C: Manda yikutemwa kumera mzingirira, (umo muli vundira), mwa muzi. Kwene kanandi ŵanthu ŵakumanya cara kuti nkhowani yamera mzingirira ndipo ŵakugona na njala, kweni para kwaca ndipo ŵasangenge kuti manda yavundira musi munyumba yawo. Sono ndipo ŵakuti tagona na njala manda yavundira mukhonde.
M: Manda (a type of small mushrooms) like growing in fertile, wet, sundy areas around the homes. In most cases people do not know and may go to sleep without food for lack of relish only discover in the morning that manda had grown around their house. We must always be on the look out for what can help us.
S: Alertness, resourcefulness.

246. Mantha (gha Muyunganiko) ine nkhukana sima ya cidimbu

T: The dread (of Muyunganiko) I refuse thick-porridge made from dark coloured cassava.

C: Pali ŵanyakhe vinthu ivyo ŵakukana kulya panji kucita usange ŵadekanya ndivyo ŵakulya panji kucita. Sono kukana kuli nkhu?
M: It is like a joke about Muyunganiko who said he never ate porridge made from dark-coloured cassava but was caught eating it one day.
S: Hypocrisy, falsehood.

247. Maso ghakukunyula weya wa nkhuku cara
T: Eyes do not pluck the feathers of a chicken.
C: Maso ghakulaŵiska bweka, mungaghakanizga cara, lekani ghakuwona na vyakubisika wuwo.
M: Eyes see everything you connot fence them in, that is why they see even the private parts.
S: Innocence, curiosity.

248. Maso ghatuŵa ngalwani, ghakazigha Munyaŵinda pa Nkhamanga
T: White eyes are a danger, they brought peril to Munyaŵinda at Nkhamanga (Danger lurks in sparkling eyes).
C: Munyaŵinda wakafwa pa Nkhamanga cifukwa ca cibwezi. Ticenjere na mawonekero ghangatizighamo (kulivyamo) tizire tifwirepo.
M: Beauty often puts in danger a flirtatious person.
S: Danger.

249. Masuku ghawa kunyuma, mwaluta!
T: 'Masuku' fruits have fallen after you were gone!
C: Mwaŵi wiza mwaluta.
M: Luck came after you left.
S: Misfortune.

250. Masuzgo ghakwiza luŵiro kweni pakufumako mphacokopacoko
T: When problems come, they come quickly but they leave slowly.
C: Makani agha ŵalala ŵakutemwa kuyowoya para ŵakupembuzga munthu uyo wakumana na masuzgo nga ni matenda sono wakucira mwaluŵiro cara.

M: This saying is said by elders when they console someone who is in deep problems like a long illness.
S: Consolation.

251. Mata gha mulala ntha ghakuwa pasi
T: The saliva of an elderly person is never wasted.
C: Ŵalala ŵana vinjeru vyakuluska; ivyo ŵayowoya mpaka vifiskike.
M: Elders are wise; what they say will surely come to pass.
S: Wisdom, reliance.

252. Mata mumlomo kamu
T: No saliva in the mouth.
C: Kusoŵa cakuyowoya cifukwa ca kususkika.
M: To have nothing to say when cornered in an argument.
S: Tongue-tied, confounded.

253. Matako ghaŵiri ntha ghangaleka kubwanyana (Makuni agho ghagonerana ntha ghangaleka kukwecanya)
T: Two buttocks cannot avoid brushing against each other.
C: Ŵanthu ŵawiri awo ŵakukhala malo ghamoza mpaka ŵayambanepo.
M: People staying together cannot avoid occasional elbow-brushing, misunderstandings and quarrels.
S: Conflict, misunderstanding.

254. Matenda ghakucita kuzgolera
T: The illness that has to be turned around.
C: Matenda ghakulu comene, ghakuti munthu wakuluta ku nyifwa.
M: When a patient cannot turn himself after a long illness and has to be helped in order to turn.
S: Terminal illness.

255. Matenda nga mwana mwanangwa, muzga mbulesi
T: Illness is for the free-born, for the slave it's laziness.
C: Cinthu cimoza cenecico cikung'anamura vinthu vyakupambana ku ŵanthu ŵakupambana kwakuyana na ŵanthu awo

        ŵakhwaskika.
M: The same thing is praise for one and blame for the other.
S: Prejudice, favouritism, partiality.

256. Mavi gha mwana ntha ghakununkha
T: A child's wastes do not smell.
C: Kulimbikiska mama kuti waleke kunyanyala na kupwelerera mwana wakhe.
M: Encouraging a mother to take care of her child.
S: Disdain, distaste.

257. Mavi ghakale ntha ghakununkha
T: Old faeces do not smell. Old pepper is no longer hot.
C: Ŵaukirano ndiwo ŵakuyowoya mwambi uwu kuti vinthu vyakale sono zilije nchito.
M: This is said by young people to mean that old things, old wisdom etc is no longer relevant.
S: Insubordination, obsoleteness.

258. Mayingira mutambo wa vula
T: The wandering rain clouds.
C: Munthu wakwiza mwamabuci wambura kucemeka.
M: An unexpected uninvited guest.
S: Intrusion, inconvenience.

259. Mazaza ghakuswa caka jembe likukhala
T: Strength breaks the handle, the hoe remains.
C: Ungalongoranga mazaza ghako pa vinthu vyambura kwenerera cara cifukwa ungajipwetekerapo waka.
M: Do not abuse your strength or authority, otherwise it may bring you harm.
S: Overconfidence, daring.

260. Mazgu gha ŵalala ni munkhwala
T: The elders' words are medicine.
C: Ŵalala ŵali na nthowa zawo zakumazgira viwawa panji kupembuzga ŵakusweka mtima.

M: Elders have their own ways of settling disputes or cheering the bereaved.
S: Comfort, consolation.

261. Mazgu gha ŵalala nchiziŵa ŵakugezamo
T: Words of elders are like a deep pool you can swim in it.
C: Panyengo iyo ŵalala ŵakupereka upangiri ukuŵa unandinandi ndipo iwe ungaviviramo, kweni yikwiza nyengo iyo upangiri ula uzamukhumbikwa kweni wambura kuusanga.
M: When elders give advice, it is in abundance that you can actually wallow in it, but will be needed at a later date when that advice cannot be given anymore.
S: Acknowledgement.

262. Mazgu gha ŵalala ntha ghakuwa pasi (kuti ghakuwa pawaka cara)
T: The words of the elders do not fall on the ground (do not fall without purpose).
C: Ŵalala ŵakumanya vinthu viweme na vyakusuzga. Para ŵakusoka mwana wakwenera kupulikira cifukwa nadi namacero vizamuwoneka vya nthewura.
M: Warnings and pieces of advice from the elders must always be taken seriously. It is not for nothing that they give their warning.
S: Knowledge, experience.

263. Mazgu ghakunowa nayo muzga wafwasenge
T: Nice words please even the slave.
C: Mazgu ghaweme ghakusangwiska waliyose. Tikwenera kuŵa ŵanthu ŵakupwerera comene m'mayowoyero kuti tileke kukhuŵazga ŵanyithu.
M: Pleasant language tickles the feelings of the listener.
S: Warm-heartedness, kindness.

264. Mazuŵa ghakusintha
T: Days do change.
C: Taŵanthu tikukhalirana, cifukwa wa munthu nyengo zinyakhe

ukusuzgika, nyengo zinyakheso ukusangako makora.
M: People depend on one another, because a prosperous person may sometimes ride on high tide and sometimes on low tide.
S: Limitedness, dependence.

265. Mazuŵa ghakuvuska ghakavuska Nkhomboka (Catomola) pakwambuka mlonga
T: Days are weary they exhausted Nkhomboka (Catomola) when crossing a river.
C: Muwugonezi wa munthu mpaka wawone suzgo. Nyengo yinyakhe vimwemwe, yinyakhe suzgo na vitima.
M: Time causes ups and downs; constant harassment breaks even the strongest spirit.
S: Resignation, fatigue.

266. Mazuŵa ghali ku cijalo
T: Days are to the door.
C: Nanga tingaŵa na mwaŵi/soka, zuŵa linyakhe soka/mwaŵi lizamutiwira. Mazuŵa ghakwiza nakuluta nga ni umo tikujulira nakujala cijalo na mulenji na namise. Tileke kutaya mtima nyengo ya suzgo.
M: Days come and go like the opening and closing of the door in the morning and evening. Never lose heart in times of hardship.
S: Courage, perserverance, patience.

267. Mazuŵa ndiwo munene (mbugonezi), weya wa ng'ombe mphacoko
T: Days are what you may speak about, hairs of a cow are (comparatively) few.
C: Munthu para wakula wali na nkhongono, wakusambazga wakucekula, ndipo na kukavukaso kuwelera mu suzgo.
M: Who knows what the future holds.
S: Patience, perseverance.

268. Mazuŵa nkhugona luta, zuŵa linji ungavwalira mphapa kuweya
T: Days are sleeping over and over again, some day you can wear

your skin cloth to the hairy side.
C: Mazuŵa ghakusuzga ivyo watenge uleke na kuvicita mbwenu uzamuvicita cifukwa ca suzgo. Wanguŵa musambazi mpaka ukavuke wamba kuvwara mazambara nga nkhuvwalira mphapa ku weya.
M: Life is long enough for one to reach the stage where one's clothing gets so worn out that you would wear rugs like wearing the skin cloth from the the hairy side of the skin.
S: Fate, inevitability, acceptance.

269. Mbavi ntha yikuthwera pa luvumbo
T: The axe does not get sharp at the workshop.
C: Kuti munthu wangasambira vyose pa sukulu panji ku ŵapapi ŵake cara, kweni kuŵanyake nakulondezga ivyo wasambira.
M: Practice makes perfect. One does not learn everything in school or from parents but from many other things.
S: Experience, education, practice.

270. Mbavi yafwira mulumono
T: The axe has died in 'lumono'
C: Usange mwana wako ndiyo wakunangira nchinonono kuti umukome ico cikuŵapo ndi cigowokero.
M: When your own child has wronged you, it is hard to kill that child, all you can do is to forgive the child.
S: Forgiveness, love.

271. Mbavi yambura caka ntha yikukoleka; mphara panji nthanganeni yilije lwiji (cijalo)
T: It is hard to hold an axe without a handle; the house of the unmarried has no door.
C: Nkhwakusuzga kuti munthu wambura nthengwa waŵe wakulangwa. Wakuyana na nyumba yambura lwiji kuti ŵalendo ŵareke kunjira na ŵanyamata/ŵasungwana kuti ŵareke kunjira.
M: It is difficult for unmarried people to be chaste. They are like a house that has no door to keep out visitors and intruders of the opposite sex.
S: Fidelity, virginity.

272. Mbaŵala ntha yikumwa maji ncheŵe yili panyuma
T: A duiker does not drink water with a dog at its back.
C: Munthu wangateŵeta makora cara usange pali cinyakhe ico cikumusoŵeska mutende, panji usange wali na suzgo mumtima.
M: No proper action can be taken under threat. Without peace of mind, nothing goes well.
S: Fear, uneasiness, anxiety.

273. Mbembe ntha yikuzenga muzi
T: Fighting does not build a village.
C: Usange pa cikaya mukukhalira viwawa cikaya cikupankhuka, kung'anamula kuti kukhala pamoza nkhuyana mitima.
M: When there is a lot of quarrelling in a village that village will surely fall, meaning that for people to live together they must agree.
S: Patience, tolerance.

274. Mbeŵa ya soni yikafwira kukhululu
T: The timid rat died in its hole.
C: Kudonda kuti niyowoye uli pa ico watenge wovwirike naco mbwenu ufwenge pawaka.
M: A man must make his needs known if he desires help from others, otherwise he may suffer and even die.
S: Self-esteem, shyness.

275. Mbeŵa zalyana (ndimo a Mkandaŵire ŵakuyowoyera pa-kutolana na NyaMkandawire)
T: Rats have eaten each other (that is how the Mkandaŵires speak when they marry fellow Mkandaŵires).
C: Mazgu ghakuyowoyeka usange ŵanthu ŵaswa ukhaliro wa mtundu wawo nga nkhutolana pa udumbu.
M: Said of one who marries a close relative, contrary to expected custom.
S: Dilemma, confusion.

276. Mbeŵa zinandi zilije mala
T: There are never as many nests as there are mice.
C: Kaŵirikaŵiri ŵanthu ŵakughanaghana kuti mala ghanandi ghakwenera kusangika apo pali mbewa zinandi. Kung'anamula kuti pa mulimo nchito yingagwirika comene usange pali ŵanthu ŵanandi kwene ni nthena cara cifukwa kanandi wumba ukucezgapo waka.
M: One would expect more nests when there are more mice but this is not the case. The other mice do nothing and build no nests. Meaning that it is expected that many people would do much work, but that is not the case.
S: Confusion, disorganisation.

277. Mbiri yiweme yikuluska kusambazga
T: Good repute is better than wealth.
C: Munthu uyo wali na lumbiri luweme wakutumbikika kuluska munthu uyo ni musambazgi kwene wankhaza cifukwa ŵanthu ŵakumutemba.
M: A person who has a good reputation is better because people bless him while a rich person who is cruel is cursed.
S: Reputation, manners.

278. Mboholi (mphatata) yakugombereka kuti yinganyoloskeka cara
T: A crooked sweet potato cannot be straightened.
C: Nkharo yiheni yikusintha bweka cara.
M: Bad manners die hard.
S: Misbehaviour.

279. Mbulanda ukulu cakwa Mwelankulu pa msinkho wuno ugone pa wekha
T: It is real kinlessness like that of Mwelankulu's that one should sleep alone at such an old age.
C: Mwambi ukafumila pa munthu munyakhe uyo wakaŵa wakumanyikwa comene zina lake Mwelankulu uyo wakaŵa wandatole pa vilimika makhumi ghanayi (40). Sono ŵakunena munthu uyo watondeka kusanga ico wakupenja.
M: The reference is to a well-known man who remained a bachelor

until well over 40 years of age. Used fuguratively by one who is unable to afford something he greatly desires.

S: Ill-fate, loneliness.

280. Mbuzi yakugontha yikujimanya yekha

T: A limping goat knows itself.

C: Mbuzi yila yikugontha usange yaya ku ulyero yikudangirapo pakuwera kuti usange zila zili makora zikwamba kuwera zikayisange yafika kuciŵaya. Ndiko kuti munthu uyo wakumanya kuti wakucita milimo yake pacokopacoko wayambirirenge mwakuti para ŵanyakhe ŵakwamba ŵamalizgirenge lumoza.

M When a limping goat has gone for pasture, it starts for the kraal earlier so that by the time normal goats start off for the kraal they should find it at the kraal. In other words, a person who is slow in doing things should always start earlier so that he can finish together with the others who are faster.

S: Promptness, decisiveness.

281. Mbwanangwa uli wa phululu (kazizi/khithwa) wakukhala pa cigodo?

T: What kind of chieftainship is that of the owl who sits on a tree-stump?

C: Fumu yingakhalanga waka cara, kweni yenderanenge na ŵanthu pa milimo yakupambanapambana.

M: The chief should cooperate with his people in different spheres of development.

S: Cooperation, leadership.

282. Mbwezgera yikuŵaŵa

T: Vengeance is more painful.

C: Usange munthu watimba panji wacitira musinjiro munyakhe sono usange munyakhe wachaya comene ndipo vyaŵaŵa ndipo ŵakuti mbwezgera yikuŵaŵa.

M: In a fight, the one who throws the first punch is mild but when the offended returns the punch it is usually harder and more

painful.
S: Anger, vengeance.

283. Mdapilenge comene, pa mphala mphautelezi
T: You must refute vehemently any imputation; it is slippery at the court.
C: Kupona mulandu pa mphala nkhukhoma na kumanya kujiyowoyera wekha cifukwa palije kovwirana kuyowoya.
M: Trust litigation only when your case is good.
S: Litigation, discretion.

284. Membe ya phyumphyu yikabenekerereka na mphingiri/mavi
T: An impatient fly was covered by a lump of faeces.
C: Pakucita vinthu kukukhumbikwa kuzikira cifukwa nyengo zinyakhe unganangiska waka panji kuswa or kuphyola.
M: There is need for patience when doing things, you may destroy what you intended not to destroy.
S: Greed, impatience.

285. Mgolo wambura kanthu mukati unaciwawa
T: An empty drum makes the loudest noise.
C: Munthu uyo nimuŵereŵesi kweni wakulongora mulimo uli wose cara ndiyo wali ngati ni mgolo wambura kanthu. Usange mwagong'ontha unaciwawa cikulu.
M: A very talkative person who says virtually nothing of substance is like an empty drum that makes a very loud sound when beaten.
S: Talkativeness, bragging.

286. Milomo yitatu yikapoka nyama ku nkharamu
T: Three mouths snatched prey from the lion.
C: Nkhongono zili pa unandi. Para muli ŵanandi mpaka mutonde murwani panji cirwani nga nkharamu.
M: This saying shows the force and power of combined effort. If many unite to do something even the impossible can be

achieved.
S: Unity, togetherness, cooperation.

287. Minwe yikopana
T: Fingers fear one another.
C: Usange ŵanthu ŵakhala pa mphala ŵakucezga ndipo pafika munthu mulala panji wakuzirwa pa kumupa nchindi ndipo ŵakuti: minwe yikopana.
M: When people are visiting at the mphala (common place) and an elder or respected person comes, the younger ones will say "fingers fear one another" as they offer him a seat.
S: Respect.

288. Minwe yiŵiri yinganjira mumphuno yimoza cara
T: Two fingers cannot enter one nostril.
C: Kucita vinthu viŵiri nyengo yimoza cara.
M: Do not try to do more than what you are able to.
S: Single-mindedness.

289. Mitala yikagoneka a William Yangwenya muciŵaya
T: Polygamy made Mr William Yangwenya sleep in a cattle kraal.
C: Usange wamunthu ukutanira vyose kuti viŵe vyawekha na-macero ukunjira navyo musuzgo.
M: A greedy person will by and by land into deep problems with noone to support him.
S: Greed, gluttony.

290. Mitala yikugonekana pa mphepo
T: Polygamy makes one sleep in the cold.
C: Mwamalume wamitala nyengo zinyakhe wakugona pa mphepo comene cifukwa cakuti ŵanakazi wose ŵamukanira kunjira munyumba zawo pavifukwa vinyakhe. Kung'anamula kuti para wamunthu ukulimbana na vinthu viŵiri nyengo yimoza ukunjira muuzga.
M: Polygamous men sometimes sleep in the cold because all their wives have refused to offer them the needed hospitality.
S: Marriage, polygamy.

291. Mkhuto nkhapingo; kakwenda nakuvwamphuka (panji kukhwapuka)

T: Satiety is a trap; after sometime it goes off (and is then no longer of use).

C: Ungati nakhuta noche nthamba (nkhokwe) usange namacero njala yaŵaŵaso. Sono para wakhuta pwererera cakulya.

M: Eating more than one needs is wasteful because the result, however pleasant, is so transitory. When a man has his fill of food, he is inclined to forget tommorrow's needs. Just as a trap is quickly released at a touch, so also satisfaction quickly gives way to hunger again.

S: Extravagance.

292. Mlenji (milenji) nkhaza, ŵakugeza waka maji

T: The mornings are harsh (cruel), washing goes for nothing.

C: Namulenji ŵanthu ŵakugeza waka wambura cakulya para tikulinganizga na kugeza m'mawoko pa cakulya, kwa mulenji nkhwambura phindu.

M: The morning wash is a thankless task compared to washing before food for it leads to nothing. Reference to unrequited assistance.

S: Ungratefulness.

293. Mphako ziŵiri zikuzumbwiskana na vura

T: Two caves make one wet.

C: Munthu wakujitimbanizga yekha cifukwa cakukhumba kucita vinthu vinandi panji viŵiri nyengo yimoza. Kuli nga ni munthu uyo vula yamusanga pa nthowa sono wakuthongathonga nkhubisama mu mphako iyi wafume nkhubisama umu mpaka wazumbwe. Munthu wambura kukhazikika.

M: A person who is unable to do anything viable because he holds two things at once.

S: Singlemindedness, concentration.

294. Mphakwithu wakagona na njala

T: "This is my home", went to bed hungry.

C: Munthu uyo wakati: "Nkhuŵamanya ŵanthu aŵa; ŵanganinora cakulya cara", wakapokerereka cara ndipo wakagona na njala. Citumbuka nchakuti wanangwa wa ŵanyithu tingademweranga cara, cifukwa ukhuŵazgikenge usange ŵakugoneka na njala.

M: The man who said I know these people; they will surely take care of me was actually not received by them and had to go to bed hungry. The idea is: do not presume upon the generosity of others; you may find yourself embarrassingly disappointed.

S: Presumption, responsibility.

295. Mphanda, nkhukhala na miti yiŵiri

T: For a crotch, you need two branches.

C: Nga ni umo mphanda yikwenera kuŵira na miti yiŵiri ndimo kulili kukoreranako pa nchito na umoza m'makhaliro kukovwira.

M: Just like a crotch needs two branches so also co-operation and working together in life is very necessary if anything is to be achieved.

S: Cooperation, support.

296. Mphasa (citala) yikuteketeka usange pagona mwanalume; mwanakazi payekha wangateketa cara

T: A mat (bed) breaks when there is a man; a woman alone does not break it.

C: Mwanakazi wakutola nthumbo usange wagonana na mwanalume. Mwanakazi wakutumbikika usange wali pa nthengwa kuruska para wali pa waka.

M: A woman can only be pregnant if she makes love to a man. A woman is more respected when she is married than when she is single.

S: Respect, copulation.

297. Mpita pasi ngati kamuzumi

T: Boring underground like a mole.

C: Munthu wakucenjera comene mukaghanaghaniro nanga waŵe na mulandu mbwenu wakumanyirathu nthowa zakugwentherapo.

M: A spy who has infiltrated and become a trusted member of an organisation. Someone who is very clever to an extent that should he

commit a crime he already knows the way out and when he has freed himself of that crime people say he moves underground like a mole.
S: Cunning, shrewdness.

298. Msungwana wakuzomera zuŵa limoza cara
T: A girl does not consent to a marriage proposal in one day.
C: Msungwana ungamusonga zuŵa limoza nakuzomera papo cara. Cinthu camahara cingacitika zuŵa limoza cara. Tikwenera kuyezgeska nakuzizipizga.
M: Keep on trying if you do not succeed during the first attempt.
S: Patience, perseverance.

299. Mtambo ukulu ndiwo ukukana vura
T: It is the big cloud that denies rain.
C: M'cigomezgo cithu nchakuti usange munthu walwara comene wakufwa cara mpaka wacire kweni matenda ghakuderereka ndigho ghakukoma munthu.
M: It is our common belief that when a person is seriously sick, he will not immediately die but get well, only to die when we least expect him to die.

289. Minwe yiŵiri yinganjira mumphuno yimoza cara.
Two fingers cannot enter one nostril

300. Mtima ntha ukuvwara vizwazwa
T: The heart does not wear rags.
C: Mtima ukudokera vinthu vyakupambanapambana, vikulu na vicoko, vyakutowa na vyambura kutowa. Pa cifukwa ici pa wekha ngusambazi.
M: The heart is full of rich desires.
S: Effort, desire.

301. Mtima uweme ukulingana na wa Ciuta
T: A good heart is like that of God.
C: Munthu wamtima uweme wakucitaso vinthu viweme.
M: Kindness is divine.
S: Godliness, elegance, kindness.

302. Mtima wa mnyako ni silya la dambo/mlonga
T: Your neighbour's heart is another world.
C: Nkhunonono kuti munthu wamanye maghanoghano gha munthu munyakhe.

M: It is not easily possible to know another person's thoughts.
S: Deception, appearance, pretext.

303. Mtima wa njala ncheŵe yikawa na thuli
T: A hungry heart the dog fell down with a pounding mortar.
C: Cifukwa ca njala ncheŵe yikuwiska thuli pakupenja vyakulya ndipo nyengo zinyakhe yikudinyika na thuli. Sono usange munthu pakupenja kanthu ako wakakhumbiska ndipo panji wakusangirapo suzgo.
M: When the dog is vey hungry it will look for food anywhere including the pounding mortar and sometimes it will fall with it and get hurt.
S: Craving, desire, hunger.

304. Mtima walasa phaso pha!
T: The heart has hit the rafter of the hut.
C: Mwambi uwu ukung'anamula kuti munthu wakumbuka ku kwawo panji kuti wasanga ico mtima wake wapenjanga.
M: Homesickness or finding the heart's desire.
S: Homesickness, fulfillment.

305. Mubwezi uyo wali pafupi wakuluska mubale wako uyo wali kutali
T: A good friend who is near is worth more than a kinsman who is far away.
C: Mubwezi uyo wakukovwira pa suzgo ndiyo ni mubwezi muweme ndipo iyo ndiyo wakuluska mubali wako uyo wali kutali.
M: A good friend is the one who comes to rescue you in times of trouble. This one is the one who is worthy more than a kinsman who is far away to help you in your times of distress.
S: Neighborliness, relationship.

306. Mucekulu wakulomba na maso
T: An old person begs with eyes.
C: Ŵacekulu mbakuti ŵangacita kulomba wovwiri cara. Munthu

wakwenera kuwona yekha kuti ŵacekulu ŵakukhumbikwa wovwiri ndipo wawovwire.
M: Old people need not ask for help. One needs to see for oneself that old people need help and should go ahead and offer them help.
S: Compassion, kindness.

307. Mucisi mulije kaweme
T: There is nothing good in darkness.
C: Mwambi uwu ukuyowoyeka comene usange munthu wakutemwa kucita milimo yakubisilizga mucisi kuti waleke kuwoneka. Sono ŵanthu para ŵawona wa nthewura ndipo ŵakuti mucisi mulije kaweme.
M: This proverb is said especially when there is someone who loves to do his works secretly in the dark so that others do not know what he is doing.
S: Secrecy, evil.

308. Mucitenge ca kuzgura; cakutema cikusuzga
T: Do it by uprooting; cutting is troublesome (cut weeds and they grow again).
C: (a) Nchiweme kumalizgirathu kalimo ako wayamba apo ucali papo.
(b) Nkharo yiheni nchiweme kulekerathu kuluska kupumulira waka.
M: Make a clean sweep while you are about it. Finish one job before you start another. Bad behaviour needs to be uprooted than to just cut it.
S: Radicalism, determination.

309. Muciuno mwa mwana ntha mukufwa nkhuku
T: In the waist of a child a hen does not die.
C: Nyengo yose usange mwana wacita makora uyo ŵakulumba ni mupapi wake, mwana mweneco cara. Nkhuku ŵakukomera mupapi wa mwana cifukwa ca macitiro ghaweme gha mwana.
M: It is elders who are praised when their child does something

good and not the child self; a hen is killed for the parents of the child as a gift for their child's good performance.
S: Injustice, inequality.

310. Muheni wakucimbira kwambura wakumucimbizga
T: An evil person runs away without being chased.
C: Kaŵirikaŵiri munthu uyo wapalamula wakucimbira na apo palije wakumcimbizga. Kujandizga pamayowoyero kuti waleke kumanyikwa uheni wake.
M: Normally, evil people will run away without being chased. They talk too loud to try and silence others in order to hide their evil deeds.
S: Remorse, guilt, fear.

311. Mujancha (mbeŵa) ntha wakugona pamoza na nyungu
T: The rat does not sleep together with pumpkin seeds.
C: Mwanalume na mwanakazi awo ŵatemwana ŵangakhalira pamoza nyengo yitali yayi mbwenu vinthu visuzgenge nesi awo ŵakutinkhana nkhunonono kukhalira pamoza kuopa kupwetekana.
M: Accomodating things which are at odds with one another.
S: Temptation, contradiction.

312. Mukavu para wakhuŵala ŵakumung'anuzga, kweni para wakhuŵala musambazgi ŵakumkora
T: When a poor person stumbles, he is pushed down, but when a rich person stumbles, he is upheld.
C: Munthu uyo ngwakutemweka cifukwa ca usambazgi panji kutowa usange wanangira ŵanyakhe, wakususkika cara, kweni usange ni mkavu wakupokera cilango cakuŵaŵa.
M: Public figures in society go away with impunity when they offend the common man, but when the offender is the commoner the punishment is severe and painful. Under the same circumstances some people are always right and others wrong.
S: Partiality, injustice, oppression.

313. Mukole lulu na namacero wuwo
T: Hold on to the same even tommorrow.
C: Munthu para wavwirika wakwenera kuwonga awo ŵamovwira mwakuti ŵaleke kuvuka, namacero napo wazamukhumba wovwiri wawo. Kulumba nkharo yiweme kuti yirutirire.
M: When a person has been helped, he must be grateful to those who have helped him so that they should not tire in doing good because tomorrow he will need their help again. Encouraging good behavior that it should continue.
S: Hospitality, generosity, gratitude.

314. Mukozgane na Ciuta
T: Be like God.
C: Munthu walongorenge nkharo yiweme yakukozgana na ya Ciuta.
M: A person must live a godly life.
S: Grace, holiness.

315. Mukumba ni mukumba mbwenu
T: A child never grows too big for those that bore him.
C: Mwana ni mwana nanga wangasambira, panji kusambazga wakwenera kucindika ŵapapi ŵake.
M: A parent commands the respect of the child.
S: Respect, obedience.

316. Mukweni ni mukweni nanga wanozge viŵi
T: A (son)-in-law is a (son)-in-law no matter how good he performs.
C: Mukweni ni muweme para pali nthengwa kweni usange nthengwa yamara na muwoli wakhe uweme wose uwo wakaŵa nawo wukumara, mbwenu wose nkhutinkhana pera.
M: An in-law is good as long as the marriage holds, but when it breaks up all his good deeds are forgotten.
S: Trust, goodness, relationship.

317. Mulendo ndiyo wakukoma njoka
T: It is the visitor who kills the snake.

C: Nanga ni mulendo wangawovwira ŵenekaya. Ŵangakucenjezga za vyakofya ivyo vikwiza ivyo wavimanyanga cara. Pa cifukwa ici, ŵalendo tingaŵasuzganga cara.

M: Even a visitor can render some useful service to you. He can, for instance, warn you of some impending danger of which you were unaware. Therefore, the visitor should not be maltreated.

S: Goodwill, generosity, resourcefulness.

318. Mulendo ni jumi

T: A guest is dew.

C: Ungatinkha waka mulendo kuti wazamunimalira sima yane, usange namacero wakujiwelera. Usange wangucita musinjiro soni zikukukora waka.

M: A traveller's stay at one's home is very short. He disappears as quickly as dew disappears. He must, therefore, be treated well. One need not worry that the guest will exhaust the food-store.

S: Hospitality, kindness.

319. Mulendo ntha wakupyola mphasa

T: The visitor does not break a mat.

C: Mulendo nyengo yose waŵenge wamapokerereko nakupwerereka. Mwenekaya wangawopanga kuti mulendo wapyolenge mphasa cara usange wamugonekapo.

M: A visitor must always be welcomed and lodged properly. The host must not fear that he will break the sleeping mat (bed) if he gives him one.

S: Hospitality, generosity, kindness, patience.

320. Muli matenda munyumba umu nkhuŵa na nyoko

T: There is an illness in the house it is when you have a mother.

C: Mama ndiyo ni mukhala pakati pa ŵamunyumba yakhe na ŵakuwalo. Kuti ŵakuwalo ŵamanye kuti mu nyumba muli matenda ni para ŵakuwona mama kunjiranjira mu nyumba.

M: The mother is the link between the people in a house and the outside world. The outside world may never know someone is ill

in a home unless they see a mother frequenting the house.
S: Disclosure, illness.

321. Mulomo nawo ni mphingo (nkhapingo)?
T: Can the mouth be a burden?
C: Uyo watumika kuyakayowoya wakuti ni mphingo cara cifukwa nchipusu kuyegha mazgu.
M: The one who is sent says it is not a burden because it is easy to carry words.
S: Assistance, consent.

322. Mulomo umoza ungapokeska nyama ku nkharamu?
T: Can one mouth rescue meat from a lion?
C: Usange munthu wali yekha wangalimbana na awo mbanandi naŵankhongono cara.
M: A minority group can never prevail.
S: Insufficiency, inability.

323. Muluki mphasa wakugona pa vitekete
T: The mat maker sleeps on ragged mats.
C: Kanandi uyo wakuluka mphasa wakugona pa vitekete cifukwa wakusuŵilira kugulisa nyengo zinyakhe.
M: Oftentimes a mat maker uses worn out mats because he always postpones making his own.
S: Stinginess, self-deprivation.

324. Mumalundi gha zovu tikwendamo kaŵiri cara
T: Under the legs of an elephant you do not pass twice.
C: Para wapona kamoza ku ngozi ya nyifwa iyo yate yikusangenge, ukuwererakoso cara cifukwa panji wamuponaso cara kaciŵiri.
M: After narrowly escaping from danger once, do not take another risk. You may not be able to escape from the same sort of danger a second time.
S: Prudence, caution.

325. Mumlomo mwambura kanthu ntha ŵakusumba
T: You cannot chew in an empty mouth.

C: Usange munthu wadandaula kanthu ndiko kuti kalipo ako kamusuzga, tegherezgani kuti mumovwire.
M: Lend a meek ear to a complainant.
S: Cause, substance.

326. Muna uheni (wuli) wa kwa Kamnthayike vikuŵalema (vikuŵakana) na vyokolo wuwo

T: You are as bad as Mr. Kamnthayike whom even widows refuse to marry.
C: Kamnthayike wakaŵa na nkharo yiheni comene mwakuti ŵanakazi wose ŵakakananga kutengwako na vyokolo wuwo vikamukana, sono usange munthu ngwa makhaliro ghaheni ndiyo ŵakumunenera mwambi uwu.
M: The saying is said of (or) to any very unpopular person.
S: Manners, behaviour.

327. Munkhwala wa josi n'kucimbira

T: The remedy against smoke is to run away.
C: Usange wamunthu ukukhumba kuleka upusikizgi nkhuweme kufumapo pa ŵapusikizgi.
M: Rid yourself of the occasion for wrongdoing.
S: Avoidance.

328. Munthu muheni wakwenda pafinyi

T: A bad person walks on a very narrow path.
C: Munthu wankharo yiheni wakuŵavya ŵabwezi ndipo wakwenda kwambura kutakasuka.
M: A bad person with bad behaviour has no friends and, therefore, walks stealthily.
S: Degeneracy, detestation, disgrace, loneliness.

No. 333 Munthu ntha ungajimeta ku mutu
Noone can shave oneself on the head.

329. Munthu mwanangwa wakwenda pasani
T: A free (generous) person walks on a broad road.
C: Cifukwa ca umoyo wake wanangwa na wakumasuka pakupa, munthu mwanangwa wakwenda pasani cifukwa ŵanthu mbanandi awo ŵakumupokerera.
M: A free and generous person is welcomed by many.
S: Freedom, generosity.

330. Munthu ni munthu cifukwa ca ŵanyakhe
T: A man is a man because of other men (his neighbours).
C: Uyo ni mulanda wakuŵa ngati nkhanyama, kweni mwanangwa wali na unthu cifukwa ca ŵabale ŵakhe.
M: Without the help and cooperation of others one cannot live at all. An orphan is like a lonely animal in times of trouble.
S: Cooperation, socialization.

331. Munthu ni ncheŵe, ncheŵe ni munthu
T: A person is a dog, a dog is a person.
C: Pali ŵanthu ŵanyake ŵali na nkharo yiheni comene kuluska ya ncheŵe ndiwo ŵanthu pakuŵanyoza ŵakuti: "ncheŵe yiliso

makora kuluska iwo."
M: Sometimes a dog behaves much better than a man. One would rather have a dog.
S: Irresponsibility, degradation.

332. Munthu ntha ungajimeta ku mutu
T: No one can shave oneself on the head.
C: Usange wamunthu makani ghali pamutu wako pakukhumbikwa ŵanyako kuti ŵakovwire.
M: When a person is in deep trouble, he needs others to bail him out.
S: Cooperation, interdependency, reciprocity.

333. Munthu ntha wakujipulika fungo, ŵakupulika mbanyakhe
T: Those who stink do not know that they stink but others.
C: Munthu ntha wakumanya umo ŵanthu ŵakughanaghanira za nkharo yake. Nkhuweme kutegherezga ivyo ŵanyako ŵakuyowoya.
M: It is better to pay attention to what people say about us.
S: Prejudice, criticism.

334. Munthu ntha wakukulira pa caŵene, kweni pa cake
T: A person does not become great on someone else's achievements but on his own.
C: Palije munthu uyo wangausa pa caŵene kweni pa cakhe. Kuteŵeta kukusangiska phindu.
M: A person has a greater say only on his own achievements.
S: Self-reliance, responsibility, dependency.

335. Munthu ntha wakulwa na citanda
T: No one fights with a corpse.
C: Tingayambananga na munthu uyo walefuka kale cara tingatolapo waka soka.
M: Let the weak alone.
S: Awareness, estimation.

336. Munthu pa yekha ntha wangajitema simbo ku muwongo
T: A person cannot make incisions on his own back.
C: Munthu wakukhumba ŵanyake kumovwira pa umoyo.
M: In life we need assistance from other people.
S: Cooperation, reprocity, interdependence.

337. Munthu wa weya wa mujino
T: A person with hairs in his teeth.
C: Munthu munonono mtima wambura kupulika vyaŵanyakhe.
M: A hard-hearted person who does not listen to others.
S: Stubbornness, hardheartedness.

338. Munthu wamoyo wana njuŵi kweni munkhwere walije
T: A living person has a conscience, but the monkey doesn't.
C: Munthu uyo ngwavinjeru wakumanya kubuda kwake ndipo wakususkika. Kweni munthu uyo wakususkika cara wakuyana na munkhwere uyo ngwakufwa njuŵi.
M: A normal person must have a sense of morality where he can distinguish between right and wrong. But someone who does not is like a monkey, which has a dead conscience.
S: Morality, conscience.

339. Munthu yose ni fumu pa nyumba yake
T: Every person is a king at his home. (An English man's house is his castle).
C: Munthu kuti wangawusa kukaya kwaŵene cara cifukwa ŵene kaya ŵangamuukira na kumudikizga.
M: A person does not rule in someone else's home because the owners might decide to chase him.
S: Independence, respect, authority, responsibility.

340. Munthu yose wamoyo wakunya mavi/wakwenda kucimbuzi
T: Every living person defecates/goes to the toilet. (Equivalent to: "Every man has his waterloo").
C: Munthu wali yose wali nato tunthu tuheni mwa iyo.
M: Every person has some measure of defects or weak points in

his life.
S: Weakness, vulnerability.

341. Munthu yula mphatali (mutu ukulu)
T: That person is too far (big head).
C: Wali na mahara ghanandi, ngwa vinjeru kuluska ŵanyakhe.
M: He is very intelligent.
S: Intelligence.

342. Munthumbo ni musitolo
T: The womb is like a shop.
C: Nga ni umo mu sitolo mukuŵira katundu wakupambana-pambana ndimo kulili na munthumbo. Ŵana ŵakubabika ŵakupambanapambana munkharo, mawonekero na vinjeru, ŵanyakhe ŵakuŵa ŵakugomezgeka ŵanyake vindere.
M: Just like a shop stocks different items, so it is with the womb whose children differ widely in character.
S: Diversity, inequality, variety.

343. Munthyengu wakulyera pa lukhezo/cande
T: Munthyengu bird uses a laddle for eating.
C: Munthu wakwenera kwamba kujipa nchindi yekha, nga ni umo wakucitira munthyengu pakulyera paweme pera usange wakora munyololo.
M: A person must respect himself before others can do so just as the munthyengu does, by respecting itself in its eating habits.
S: Self-respect, self-evaluation.\\\

344. Mupe ciwanga mwana kuti wacetame
T: Give the child a bone to calm him down.
C: Usange wamunthu ukukhumba kucita mulimo unyakhe ndipo munyake wakukutangwaniska, mupe cawanangwa mwakuti wakuleke, apo iwe ukulutirizga mulimo wako.
M: When you want to do something and somebody is delaying you by pestering you for something or other, just give him some

small gift to satisfy him, while you go about your business.
S: Freedom, upbringing.

345. Mulwari wagaŵa dende mum'phika
T: The patient has shared relish from a pot.
C: Kuyowoya za munthu uyo wakutemwa pamalo apo pali viweme, pamasuzgo cara.
M: This said of someone given to easy life and allergic to problems.
S: Selfishness.

346. Mulyeskani, waluwe na kwake
T: Feed him that he may forget his home.
C: Usange mukukhumba kukhala na mulendo nyengo yitali ipo mulyeskeninge comene, mbwenu waluwenge na kwake.
M: If you want a traveller to stay much longer at your place then feed him very well and he will forget his home.
S: Cheerfulness, charity, gererosity, benevolence.

347. Musambazi ni cihowe, wali na (ŵana) mphande pa singo
T: The rich one is the crow, he has a band around the neck.
C: Cuma na usambazi kuti vikuyana viŵi cara. Usange munthu wangaŵa na cuma ni musambazi cara usange ŵabale ŵakhe wose mbakavu.
M: Riches and real worth are not the same thing. Though a person may appear to be wealthy he is obviously of no account if all his relatives are poor.
S: Luxury, uniformity.

348. Musinjiro pa ciponosko
T: Scorning at salvation.
C: Ŵanyakhe para ŵakavuka panji ŵasokwa munyawo wawovwira panyuma ŵakuzakaseka na kusunjizga yula wawovwira. Ca nthewura ŵalala ŵakuti ni musinjiro pa ciponosko.
M: Some people, when they land into problems and others help them out later on, they scorn those who helped them out. Such

behaviour is what elders said it is scorning at salvation.
S: Impudence, ungratefulness.

349. Mutipeko musisi wa libwe
T: Give us the root of a rock
C: Mutilongore mwanalume uyo wakukhumba kutola.
M: Show us the man who wants to marry. Said by girls when being proposed for marriage.
S: Disclosure.

350. Mutu ukulu ukuphyola mweneco cara
T: A big head does not burden its owner.
C: Mutu kuti ungaŵa mphingo kumweko cara nga mwana kuti ni mphingo ku mpapi cara. Lekani pa nthengwa nchiweme cara kuyuzgana cifukwa waliyose wangawerera ku ŵapapi ŵakhe.
M: The head can never be too heavy for its owner just like a child, who is never too heavy for parents. That is why it is unwise for spouses to illtreat each other because each partner can go back to their parents and be warmly received.
S: Love, care, responsibility.

351. Mutu ukulu ntha ungaŵekha nthonga
T: A big head does not dodge a knobkerry.
C: Muthu mulala pa cikaya ndiyo vyose vikumusanga nga ni milandu, matenda, zinyifwa kuti mpaka wacitepo kanthu.
M: The chief of a village receives everything, both good and bad like a big head.
S: Parenthood, responsibility.

352. Muuri wa viŵiya wakulyera pa ludengele
T: The clay pot maker eats from a potsherd.
C: Cifukwa cakutemwa ndarama para waumba ciŵiya ciweme ŵanthu ŵakwiza nakugula. Nyengo zinyakhe wakuguliska na ciŵiya cakhe ico wate walyerengemo mweneco.
M: Because of the love of gain when the pot maker has made a beautiful pot people come and buy. Sometimes he will sell even

the very pot meant for his personal use.
S: Stinginess, selectiveness.

353. Muvyara ni nyama: mdumbu ni zungwara
T: Your cousin is meat, your sister (or brother) is a jackal.
C: Muvyara wako mungatolana kweni mdumbu wako mungatorana cara.
M: You can marry a cousin but you cannot marry a sister (or brother).
S: Consanguinity.

354. Muvyara wako ni nyama, mdumbu (mzici, mulongosi) wako ni mphaci (zungwara)
T: Your cousin is meat while your sister is a jackal.
C: Muvyara (mwana wa nyokonkhazi/asibweni) ungatola kweni mdumbu wako ungatola cara.
M: You can admire the beauty of your cousin and marry her, but not your sister because you cannot marry her.
S: Consanguinity.

355. Muwonge kwenda kwinu
T: Be thankful of your own travelling.
C: Usange munthu wapokera cawanangwa ku ulendo uko wenda ndiyo ŵakumuphalira kuti wawonge kwenda kwakhe.
M: When a person receives a gift after visiting a friend that is when he is told that he should be thankful for his travelling.
S: Gratitude, coincidence.

356. Mwabisa nthenda, nyifwa yikupulikwika
T: You have hidden the illness, the funeral will be known.
C: Munthu ungakwaniska cara kubisa vyose ivyo ukucita pa umoyo wako cifukwa mpaka vizakamanyikwe zuŵa linyakhe.
Nkhuweme kumanyiskapo yumoza za suzgo lithu.
M: In trouble, look for direction (council) instead of harbouring grievances to oneself. Our hidden problems will sooner or later

come into the open.
S: Exposure, disclosure, openness, counsel.

357. Mwaciruka mwembe, makutu nkhawilo
T: You are surprised at a beard (but even) the ears are congenital.
C: Ŵanyakhe ŵakumanya uheni wawo kweni para ŵanyawo ŵakuyowoya nawo pa vya nthewura ŵakuculuka ngati cinthu ico ŵakucimanya cara.
M: Said to one who appears to be surprised at a well-known fact.
S: Dissemble, pretence.

358. Mwana ngwa m'nthumbo yako, wa mnyako ntha unga-mugomezga (ni mwana yayi)
T: A child is that of your own womb, someone else's child cannot be trusted (is not a child).
C: Para mulala watenge watume mwana wamunyakhe, panyakhe mwana wakukana cifukwa wise nayo wakukhumba kumutuma, sono yula walije mwana ndiyo wakuti mwana ngwa m'nthumbo yako.
M: You cannot look to any but your own child to help or support you.
S: Responsibility, possessiveness.

359. Mwana ni mkusa wa nthengwa
T: A child is a girdle (rope) of marriage.
C: Nyumba yambura mwana yikukhora cara. Kwene para muli mwana nanga yumoza wa ŵapapi kupankhula nthengwa ŵakutondeka cifukwa ca mwana.
M: If a family has no children, the partners run the risk of breaking up; but when parents see the sense of oneness their marriage is thus firmly held together.
S: Divorce, unity, love.

360. Mwana wa Matumbo wafwa, wayowoya ni M'maso Mwafipa
T: The child of Mr "Intestines is dead," the report has come with Eyes have darkened."

C: Mazgo ghakuyowoyera kuti nili na njala.
M: A way of saying, "I am hungry."
S: Hunger, famished, starved.

361. Mwana wa mkata/Kwinu mukulima cara
T: The child of a lazy person/You don't farm at your home.
C: Munthu uyo wasanga ŵanyakhe ŵamara kulya.
M: A person who has found that people have just finished eating.
S: Humour, sharing, courtsey.

362. Mwana wa mnyako ni kageze, wako ni zanga kuno ulyenge
T: Your neighbour's child is "go and wash", yours is "come here and eat."
C: Mwana wako ngwakuzirwa kuluska wa mnyako ndipo wamnyako nchipusu kumunola cakulya. Na para wanjira mu suzgo citima cikuŵa cicoko.
M: It is easier to maltreat someone else's child and his/her misfortunes do not grieve you very much.
S: Discrimination, partiality, injustice.

363. Mwana wa mnyako ni sabola wakunowera mumlomo, para wawa m'maso wakuŵaŵa
T: Your neighbour's child is pepper, pleasant in the mouth, but painful when it falls in the eyes.
C: Mwana wa mnyako ni muweme pamaso, kweni wangakunangira cuma cako.
M: Someone else's child is good only to a point, but can make a hell of your life.
S: Prejudice, relationship.

364. Mwana wa mkweni ndiyo ungalenga nayo ving'unu, wandakureka nkhule
T: A son-in-law's child cannot be depended upon, he will leave you half-clad.
C: Mwana wa mkweni ngwako cara para wakhumba kuluta ku cikaya ca ŵawiske iwe undamukhala ulanda pa wekha.

M: Never put much trust in children of son-in-laws. They can abandon you at the time when you need their help most.
S: Ungratefulness, unreliability.

365. Mwana wa mnyako ngwako
T: The child of your neighbour is your own.
C: Ungatinkhanga mwana wa mnyako, nyengo zinyakhe ndiyo wakovwira. Kweni para ukulongora kumtinkha soni zi-zakukukora.
M: One has a moral duty, even though it may not be appreciated or repaid, to others and their children.
S: Impartiality, indiscrimination.

366. Mwana wa mnyako ŵakuthyera khono
T: You set a trap for somebody else's child.
C: Mwana wako ngwakuzirwa kuluska wa mnyako ndipo wamnyako nchipusu kumutaya muulwani. Ndipo nanga wafwe citima cikwizamo ngati ni para wafwa mwana wako cara.
M: It is easier to harm and maltreat another person's child; its loss does not grieve you very much since it is not your own.
S: Partiality, discrimination.

367. Mwana wa ng'ombe wakukula na luswazu
T: A calf grows with whipping.
C: Mwana wakukula makola cifukwa ca kumulanga.
M: A child grows better through discipline.
S: Practice, education, experience.

368. Mwana wa ng'wina ntha wakukulira pa ciziŵa cimoza
T: A crocodile's child does not grow in one pool.
C: Munthu uyo wandayendepo malo ghakupambanapambana wakumanya vinthu vicoko ndipo ni cifukwa cake vyakucitika vyakhe navyo nvyakugota.
M: One must travel to have useful experience and thus enrich one' understanding of life.
S: Travel, exploration, experiences.

369. Mwana wa nkharamu ngwa nkharamu/Mwana wa fumu ngwa fumu
- T: A child of a lion is a child of a lion/A child of a chief is a child of a chief.
- C: Munthu uyo wafumira ku banja la pacanya panji la nchindi nanga wangayezga kujikhizga ngwa pa canya nipera.
- M: A person from a respectful family no matter how lowly he may pretend to be, he still remains of higher status.
- S: Humility, modesty, unchangeableness.

368. Mwana wa ng'ombe wakukula na luswazu
A calf grows with whipping.

370. Mwana wa nyalubwe ngwa nyalubwe nanga wasinthe cikumba
- T: The child of a leopard is a child of a leopard even if it changes its skin.
- C: Munthu wakaluso ngwa kaluso kake nanga panji wangakwezgeka comene panji kujikhizga.
- M: A person who has some peculiar mannerism cannot easily change; no matter how much he may try.
- S: Habit, unchageableness.

371. Mwana wa pa jungu liheni wakufwa cara

T: The child from a bad pumkin does not die.

C: Ŵalala ŵakuti mwana uyo ngwa kusola (wauleŵe) wakamanyikwanga ndipo wakafwanga bweka cara, kweni awo ŵali naŵawiskewo ŵakamanyikwanga kuti kaŵirikaŵiri ndiwo ŵakafwanga.

M: The elders say that a child born outside marrige would normally survive in life while the child born from married couples would many times die.

S: Longevity, survival, evidence.

372. Mwana wakulondezga vya ŵapapi ŵake

T: A child follows the (footsteps) example of the parents.

C: Usange ŵapapi mbamahara ndiposo mbankharo yiweme mwana nayo waŵenge wa ntheura, kweni para mbankhungu na ŵatesi, mwana nayoso wakuya mwenemumo.

M: A child is very much like the parents. It follows the parent's ways very closely.

S: Example, heredity.

373. Mwana wakuŵa muzito kwa nyina cara (mwana ntha wakupyora nyina)

T: The child is never too heavy for the mother.

C: Ŵana kuti ŵakuŵa mphingo ku mupapi cara. Nanga mwana mwanakazi wangawera kunthengwa ŵapapi ŵakhe ŵangamanya kumupokelera na kumusunga.

M: One's children can never be too much of a burden to care for. Even a daughter who gets divorced from her husband can find support in her parents' home.

S: Love, care, support.

374. Mwana wambura kubabiwako wakuluska mwana wambura kusambira

T: The unborn child is better than the uneducated child.

C: Mwana wambura kubabiwako kuti wakuona masuzgo agho mwana wambura kusambira wakukumana nagho cara.

M: The unborn child does not go through all the troubles and difficulties that the uneducated child goes through.
S: Ignorance, learning.

375. Mwana wambura kupulika yikamulanga ni zovu
T: A disobedient child was punished by an elephant.
C: Ŵana ŵangakaniranga ŵapapi cara panji ŵalala usange ŵakutisambizga. Kupulikira nchinthu cakuzirwa ku ŵana.
M: Children should learn to obey the elders when they are correcting them. Obedience is a very important ingredient of life.
S: Obedience, consequences.

376. Mwanakazi ni mono ungamanya cara uyo yiwirenge
T: A woman is like a "mono" tree, you never know where it falls.
C: Munthu palije uyo wangaphara kuti mwanakazi uyu watolanenge na ngana. Wakuyana na mono, palije uyo wangaphara uko yipanthirenge para yasweka.
M: One can never predict to whom a woman will marry.
S: Unpredictability.

377. Mwanakazi uyo wakhala panyumba wakwiba vyaŵene apo ŵanyake ŵali ku munda
T: A woman who stays home steals from others when they have gone to the farm.
C: Ungalya viweme cara usange wa munthu ukukhala waka. Munthu wagwirenge nchito na mawoko ghakhe kuti wasange makora.
M: If one lives an idle life, he/she cannot have the good of the world. A person must work for his/her goodies.
S: Work, resourcefulness, industriousness.

378. Mwanakazi wakusekerera para wawona mwanalume, kweni mwana wanankhwesa usange pali wakumuvikirira
T: A woman smiles when she sees a man, but a child becomes cheeky when she is protected.
C: Ŵanthu ŵanyakhe ŵakukhumba kugwira nchito cara usange

ŵakovwirika.
M: Some people become lazy when they are helped by others.
S: Work, laziness, support.

379. Mwanakazi wakutowa ngwa nkhongono kuluska moto
T: A beautiful woman is stronger than fire.
C: Cifukwa cakutowa kwakhe mwanakazi uyo wakumanya kukopa na kuthereska ŵanalume ŵanandi awo mba nkhongono ndipo nyengo zinyakhe ŵanalume ŵakumanya kukomeranapo.
M: A beautiful woman is able to attract and a lot of strong men who may sometimes even fight and kill one another over the woman.
S: Beauty, allure.

380. Mwanalume mpha nthumbo (mwanalume kumulaŵiska ku nthumbo)
T: For the man it is the belly (for a man look at his belly).
C: Mwanakazi wamanyenge kuti mwanalume wagwire makora nchito za pa mulyango wakukhumbikwa kumulyeska.
M: A woman should know that a man works better on a full stomach (belly).
S: Care, responsibility.

381. Mwanalume ntha wakucepa
T: A man is never small.
C: Tingadeleranga cara munthu mwanalume cifukwa mweneco wakujigomezga.
M: A man's capabilities should never be under-rated.
S: Strength, honour.

382. Mwanalume wakucita kuphalirika kuti ni mwanalume cara
T: A man is never told that he is a man.
C: Para mwanalume wafikapo kuti wakukhumba kutola ŵakucita kumuphalira mbanyakhe cara wakumanya yekha. Nthewura usange vinthu vyasuzga kuti munthu wangalindanga kuti ŵanyakhe ŵacite kumuphalira cara.

M: When a man has reached the age of marriage, he does not need to be told by another, he knows it himself. In the same way, when things are not well a person should not wait for others to tell him.
S: Self-evaluation.

383. Mwanikanda pa cilonda
T: You have stepped on my wound.
C: Kucitikira cinthu cakukhuŵazga.
M: This proverb is said especially when an individual has done or said something that will hurt another of which the other had no intention of letting it happen.
S: Provocation, annoyance.

384. Mwanikandira nchene mwezi uli tu!
T: You have stepped on my toes deliberately in moonlight.
C: Kwavya mnyako mwadala.
M: Provoking someone to anger deliberately.
S: Annoyance, provocation.

385. Mwaniŵikira kacimayi kusi ku mphasa
T: You have put a knife under my mat.
C: Kumupangira munthu ulwani na kulongola ngati ni para vyose vili makora. Sono para mweneco wamanya ndipo wakuyowoya kuti mwaniŵikira kamayi kusi ku mphasa.
M: Plotting against someone's life in secret.
S: Treachery, ill-will.

386. Mwanizgora kamayi kakuvunira
T: You have turned me into a little reaping knife. (You have turned me into a butt).
C: Munthu uyo ŵakumuyuyula na kumunena kwambura kafukwa.
M: One who is ill-treated, ridiculed and taken as being of no account, for no proper reason.
S: Ridicule, contempt.

387. Mwanozga waka kutemba (pakutemberezga) nkhuku zawukula zose

T: You have only been successful in cursing (casting a spell) all the fowls have vomited.
C: Kale para ŵakukhumba kuwona munthu muheni pa cikaya ŵakamweskanga nkhuku mwavi. Para palije uheni zikaukulanga. Mazgu agha ghakuyowoyeka pakususka munthu uyo wakutemwa kutemba ŵanyakhe pambura vifukwa vyakwenerera.
M: In the tradional past when people wanted to prove that someone is bad, they would give a fowl the poison ordeal (mwavi). If there is no evil the fowl would vomit. False accusation.
S: Accusation, curse.

388. Mwapulika wakauska zovu pa lupiri

T: Have you heard woke up an elephant on the mountain.
C: Kutandazga nkhani izo zilije fundo yeneko zikuzakauska mulandu ukulu wakusoŵa kwakunjirira nawo.
M: Spreading false rumours may land one in very great trouble.
S: Rumours, hearsay.

389. Mwapulika wakazengeska nyumba pa jarawe, kusumbira wakakhaliska

T: Have you heard made one build a house on a rock while reflection made one established.
C: Ŵanthu ŵanyakhe ŵakupusika ŵanyao pa vinthu vya utesi kwene iwo ŵakudekha na kupulikiska vinthu mwakukhazgikika.
M: Some people mislead others by mere hearsay, but those that are not taken up easily get established on real truth.
S: Reflection, planning, foresight.

390. Mwaŵenena ŵene muyanenge, ŵanthu ŵawaka mbakavuluvulu

T: People from the same class should agree, those outside are like whirlwind.
C: Pa wanangwa winu mutemwanenge, para mwatemwana na ŵanthu ŵawaka ŵandakumutayanimo, ŵeneco ŵaruta.
M: Do not put too much confidence on people you do not know. They can abandon you in your difficulties. Trust your own

people.
S: Trust, dependence.

391. Mwaŵi pakwiza ntha ukumanyikwa
T: Good fortune is not known when it is coming.
C: Ticitenge vinthu ivyo tikughananghana kuti vingatovwira.
M: You never know, try everything within your means.
S: Opportunity, luck, fortune.

392. Mwazala nga mphakwinu (nthembe ya ku Sambamo)
T: You feel so free and very pleased as if this is your home, (nthembe of Sambamo) (nthembe-is a small gourd in which they used to keep porridge for a baby).
C: Kucaro ca ulendo panji pa cikaya caŵene ungafwasa ngati mphakaya yako cara.
M: One cannot be absolutely free and happy in an alien land.
S: Unreliability, fear, suspicion.

393. Mwenga mafuta wakutuwuluka cara/yayi
T: He who deals with oil (fat) never gets dirty.
C: Nyengo zose munthu uyo wali pa m'phika mpaka walaŵeko ico wakuphika. Lekani uyo wakwenga mafuta mpaka wajimbotye muthupi ndimo wakulekera kutuwuluka.
M: It is normal that people near something make use of it. They will not get their skin cracked, if they are dealing with oil.
S: Luck, benefits, privilege.

394. Mwezi ntha ŵakwanikira ufu na komira
T: You do not use moonlight for drying flour.
C: Pali milimo yinyakhe iyo yingacitika makora na muhanya pekha panji pa nyengo yimoza kwene nyengo zinyakhe cara.
M: Doing a thing in its proper season.
S: Planning, convenience.

395. Mwezi ntha wungatungira mkanda
T: You cannot use moonlight for stringing beads.
C: Mulimo wuliwose wuli na nyengo yakhe yakuteŵetera. Kucita

mulimo apo mpha nyengo yakhe yayi kukutangwaniska.
M: Every activity has got its own time.
S: Planning, convenience.

396. Mzici ni mzici (mdumbu ni mdumbu) para wali patali
T: Your sister is your sister when she is far.
C: Nthengwa izo zikukanizgika (nga nkhutolana pa udumbu) n'zakukanizgika.
M: Forbidden degrees of marriage remain forbidden (i.e. are respected) when kept apart.
S: Incest, respect.

397. Na mumeta mpala wambura maji
T: I shaved him clean without using water.
C: Cikung'anamula kuti munthu wamupezga munyakhe.
M: One has either cheated or thoroughly punished another.
S: Trickery, punishment, retribution.

398. Na munthu ndine tambala nchiyuni
T: I am a man; a cock is only a bird.
C: Munthu wakujitemwa pakuwona ŵanyakhe ngati mbanthu cara kweni unthu ngwakhe pera. Iye kuti wakumanyako kuti nayo ŵakumuseka cara.
M: A proud person who does not consider others as being important, but counts only on his own importance. He does not even know that people are scornful of his behaviour.
S: Pride, arrogance.

399. Nakana Ciuta ni mukali
T: I deny it, God is a God of anger.
C: Mazgu gha cirapo kwa munthu muneneska kuti usange ivyo ŵayowoya mbutesi Ciuta wamulange mwakuti ŵanthu ŵawone apo pali unenesko.
M: It is a way of swearing that what has been said is the truth to the point of inviting God's anger if there be any falsehood.
S: Honesty, integrity.

400. Nakhala maji ghamoza
T: I have remained one water.
C: Kukhala pachoko kumalizgika pa suzgo ilo munthu wali nalo nga ulwari.
M: My days are numbered, I am about to die or I have reached a dead end.
S: Fatality, resignation.

401. Nanga masozi ghazule ciŵiya ghangawezga ngongole cara
T: Even if tears of sorrow feel a pot they cannot pay for a debt.
C: Nchiweme kuwezga ngongole kuluska kujilirira cifukwa citima cakuti nili nangongole cikukwanira cara mpaka uwezge ngongole yose.
M: It is not enough to weep over what you owe; its payment that is required.
S: Debt, reparation.

402. Nanga ni musambazi wakubwereka zingano (sindano)
T: Even a rich man borrows a needle.
C: Palije munthu uyo wangakhala pa iyo yekha nakuŵa navyo vyose vyakukhumbikwa pa umoyo. Nanga ni awo ŵakuwoneka nga mbakusoŵelwa ŵalinako kanthu .kakovwira msambazi.
M: No man can live by himself and be self-sufficient. He will need

395. Mwezi ntha wungatungira Mkanda
You cannot use moonlight for stringing beads.

thers to support him at one time. Even those who are seemingly poor have something the seemingly rich will need.
S: Interdependency

403. Nanga ŵanthu wose ŵangaŵa ŵavinjeru mpaka waŵepo yumoza wakuluska wose
T: Even among the wise peole there is always one who surpasses the rest.
C: Ŵanthu ŵakupambana mu zeru, nkhongono na kacitiro kavinthu.
M: Different people have different abilities and capabilities.
S: Excellence, diversity, superiority.

404. Napona ku mulomo wa nkharamu
T: I have been saved from the mouth of a lion.
C: Kuyowoya kwa munthu uyo wapona ku suzgo likulu mwamabuci.
M: Said by one who has narrowly escaped from great danger.
S: Luck, fortune, survival, escape.

405. Nasimpha masimpha libwe, ncheŵe (galu) ŵakuyimenyera (nakhalapo gwenyugwenyu)
T: I have waited drowsily like a stone; for a dog something is shared.
C: Kulindizga vinthu vyene ivyo miziro gakhe nga kukaikiska.
M: Waiting and expecting for the arrival of something good (e.g. food) that never shows up.
S: Disillusionment, disappointment, deprivation.

406. Natengwa kunyuma, kumaso kukupenja ŵanji
T: I am married at the back, the front cries for another.
C: Wakuyowoya ni mwanakazi uyo watengwa kwa musambazi panji mwanalume wa nkharo yiweme kweni cumba, wangamupa ŵana cara.
M: Said by a woman married to a well-to-do man but who is unable

to give her children because of impotence.
S: Infertility, impotence, dissatisfaction.

407. Natengwa na kunyuma wuwo
T: I am married even at the back.
C: Wakuyowoya ni mwanakazi uyo watengwa ku mwanalume musambazi, wankharo, kweniso wakubaba.
M: Said by a woman who is happily married.
S: Fortune, satisfaction.

408. Natondwa ca mnjira, jembe lili ku mulomo
T: I am surprised as a warthog; the hoe is at (in) the mouth.
C: Usange waona vinthu vyaminthondwe vyambula kucitikira pakweru.
M: The mouth not being the proper place for a hoe. Thus, one cannot understand everything.
S: Puzzlement.

409. Natondwa nakumana na mulinga wa cisalu (cihanya)
T: I am mystified (surprised) I have met a blindworm in the dry season.
C: Mulinga ukwenda pa cihanya cara. Sono para wauwona, cikuŵa cakuzizwiska ndipo cikuphara uheni uwo ukwiza.
M: It is strange to see a blindworm during the hot season and it is regarded as a bad omen.
S: Mystification.

410. Ndarama zikakomeska Yesu
T: Money got Jesus killed.
C: Kutemwa ndarama kukunjizgana mu suzgo zikulu.
M: Uncurbed love for money is a source of great evils.
S: Avarice, Greed.

411. Ndimo walili nthena ni para wenda nayo
T: Is this the way he is, it is when you have travelled with him.
C: Ukumanya makora nkharo ya munthu usange mwakhalirapo lumoza panji kwenderana.

M: You can only know the behaviour of another person when you have lived with that person.
S: Prejudice, companionship, experience.

412. Ndine mulanda camumbwera (mdoto); maso ngaŵirighaŵiri
T: I am as kinless as a navel. Eyes are in pairs.
C: Dandaulo la munthu uyo wali yekha wambura m'bale wakumovwira.

415. *Ngawakwenda, wakababa mwana wakenda*
She who never moves gave birth to a child who moves.

M: I am alone in the world and have no one to help me.
S: Loneliness, isolation.

413. Ndizo zeru; mahara nga nkosi
T: It is cunning; wisdom is of the chief.
C: Wamunthu ukwenera kujipwererera wekha.

M: One needs to care for himself.
S: Wisdom, sensitivity, discreet.

414. Nendenge waka na caro, ndine munthu
T: I will just be moving with the world, I am a human being.
C: Munthu wakwendendeka wambura cikhazi.
M: An unsettled person who is always on the move.
S: Wandering, unsettledness.

415. Ngawakwenda, wakababa mwana wakenda
T: She who never moves gave birth to a child who moves.
C: Tinganyozanga ŵanyithu pakughanaghana kuti ivyo tili navyo iwo ŵangavisanga cara cifukwa zuŵa linyakhe tizamuzizwa.
M: Do not deride others for their different way of life, because they could give us a surprise someday.
S: Caution, respect.

416. Ngoma wakazinge munyakhe, umwere maji wayunji (wamunyakhe)?
T: If a neighbour (eats) fried maize shall another drink water for him?
C: Mbanandi cara awo ŵakukondwera na mwaŵi wa mnyawo kweni nga ungaŵa wawo.
M: Very few rejoice at the fortune of others but only wish it were theirs.
S: Jealousy, envy.

417. Ng'ombe iyo yadangira yikumwa maji ghakutowa
T: The cow that goes ahead drinks clean water.
C: Munthu uyo wadangilira pa mulimo wakupokera nchindi zinandi, ndipo wakuŵa na lumbiri luwemi.
M: A pioneer who does very well gains for himself good repute and fame.
S: Reputation, fame, opportunity.

418. Ng'ombe ya mnyako ŵakuyicema cara
T: You do not call your neighbour's cow.

C: Tipwerere na kopa vyaŵene mwakuti nawoso ŵapwerere vinthu.
M: Respect other people's property.
S: Respect.

419. Ngongole yikumazga ubwezi
T: Debts destroy friendship.
C: Nthowa yipusu yakumazgira ubwezi njakukongola kwambura kuwezga ngongole.
M: The easiest way to destroy friendships is to borrow without paying back the debt.
S: Friendship, relationships, debt.

420. Nguluŵe yikalira kapingo kakhala pacoko kudumuka/kaning'inira
T: The wild pig squealed when the trap was about to break.
C: Nguluŵe yikawira pa cipingo na kulimbana naco mpaka cikaning'inira na kukhala pacoko kudumuka. M'malo mwa kulimbikira, yikalira cifukwa ca kuvuka ndipo ŵanthu ŵakaipulika nakwiza kuikoma.
M: A wild pig was caught in a trap, and tried to get out, nearly got free, the trap string had already become worn and would soon break. It squealed, and so people heard that a wild pig had been trapped and they came and finished it off. This is said of a person who loses heart when the problem is almost over.
S: Impatience, perseverance.

421. Ni njani wanena kuti ŵaboli mba Mkandawire ŵamajancha mba Msowoya?
T: Who has said that zebras are the Mkandawires, rats are the Msowoyas? (These two clans were noted for their wealth and riches).
C: Mwambi uwu wukunena za munthu uyo ngwa kujiŵikamo ngati nayo ni musambazi na apo cara.
M: This said of someone who presumes to be rich when in fact he is

not.
S: Presumption.

422. Ni vyanchene nkhuku yikanya pa lwala (mphero)
T: It is deliberate the fowl defaecated on the grindstone.
C: Ivyo munthu wacita vyaukazuzi ngati kutuka pakweru apo wumba ukulaŵiska ndiko kuti munthu yula wangunozgekera kwananga.
M: Your action is deliberate and premeditated.
S: Provocation, impudence.

423. Niciwoneskeske cikazighamo/livyamo mbaŵala
T: Let me look at it carefully got the reindeer in trouble. Curiosity endangered the reindeer.
C: Kumusoka munthu kuti waleke kunjirapo pa nkhani zaŵene. Panji usange munthu wakusokeka kuti uko wakulazga wamukumana na soka kwene iyo wakucita matata.
M: Warning a person that he/she should not poke his/her nose in other people's affairs or if a person is being warned that the direction he has taken will lead him into danger but he remains adamant.
S: Curiosity, warning, counsel.

424. Nilaŵenilaŵe wakamara mphika wose
T: Let me taste, let me taste finished the whole pot.
C: Kuwerezgawerezga kwananga kukunjizgana m'masuzgo gha milandu, matenda na nyifwa.
M: Never get involved in something that is pleasurable but forbidden; you will go much deeper into it than you intended and then harm yourself.
S: Proclivity, temptation, desire.

425. Nili kuzgoŵera wakanya m'basi
T: I am used to control myself defecated in the bus.
C: Vizyoŵezi vinyakhe niviheni vikuzakapangiska munthu kucita vinthu vyakurengeska pawumba.

M: Certain bad habits lead to doing shameful things in public.
S: Recklessness, stupidity.

426. Nili muheni ku ŵanthu; nthowa yikuti ni munthu
T: I am bad in the eyes of people; the path regards me as a man.
C: Mazgo agha ghakuyowoyeka na munthu uyo wakujilumba para ŵanthu ŵakumunyoza
M: Words used in self-justification.
S: Self-assertion.

427. Nili na soka la nkhuku, nkhunda ŵakuzithilira
T: I am unfortunate like chickens, doves are fed.
C: Uku nkhuyowoya kwa munthu uyo wakuona kuti ŵanthu ŵakumupwelelera yayi.
M: While both chickens and doves are domestic birds, there is more care for doves than for chickens, which are often left to feed themselves. This is said by someone who feels he/she is no longer cared for.
S: Self-pity, care.

428. Ningalyera pasi
T: I can eat from the floor.
C: Kucita cinthu ca cilendo cifukwa ca kukondwa pakupona ku mulandu.
M: Doing something strange, to the extent of eating on the floor after being aquitted in a difficult case.
S: Appreciation, excitement, joy.

429. Ninozge ndine (wakakwemula) citanda caŵene
T: The one who said: "let me fix it" peeled off the corpse at other people's funeral.
C: Munthu munyakhe uyo wakajitola kuti wakumanya kugegiska vitanda wakakhumba kujilongora pa nyifwa yaŵene kwambura kumanya kuti maji ghakaŵa ghakocha comene. Pakuti wathirire citanda nakugegiska wakasanga kuti citanda cakwemuka. Kulongora kuti pakucita vinthu tizikirenge.

M: Someone who thought of himself as an expert in cleaning corpses wanted to prove himself at a funeral without knowing that the water to be used was too hot for the job. When he poured the water on the corpse, it peeled off. We must be careful in doing things.
S: Restraint, self-control.

430. Nizgoŵerenge waka ca cimbwe wakazgoŵera muswera (wavura)
T: I must just get used to my situation just as the hyaena got used to a showery weather.
C: Kujilimbikiska wekha para wakumana na suzgo ilo kuti likumara luŵiro cara.
M: Bracing oneself in readiness for persistent adverse conditions.
S: Courage, acclimatization, resignation.

431. Njala yili mu mino
T: Hunger is in the teeth.
C: Nanga cakulya cingacepa mpaka mata ghizemo mumlomo.
M: A little something to chew will still help.
S: Soothing, satisfaction.

432. Njala yili pa lulimi ungiba waka
T: Hunger is on the tongue; you may just steal.
C: Nyengo zinyakhe njala yikumukora comene munthu mwakuti wangaghanaghana nakwiba wuwo. Kweni usange walya njala yila yikumara ndipo maghanoghano ghakwiba nagho ghakumara.
M: Sometimes one may become so hungry to the extent of contemplating stealing to satify the hunger, but once he has been fed; he is satisfied and the temptation to steal melts away.
S: Satisfaction, temptation.

433. Njoka yikafwa na malunga
T: The snake died with wriggles.
C: Munthu uyo wasuskika mpaka wajinthepo nyengo zinyake usange nkhani yangwiza yakofya.
M: A person who has been indicted will not easily give in. He will by

all means try to defend himself no matter how futile his defence may be.
S: Mitigation, defense.

434. Njoka yikuluma para wayidyaka ku m'cira
T: A snake bites when you have stepped on its tail.
C: Usange munthu wajumphizga kunyoza munyakhe, wakunyozeka yula wakuwezgera. Wakuwezgera cifukwa ni muheni cara kweni cifukwa ca cakukhuŵazgika. Nanga ni njoka usange wakanda ku m'cira yikuluma pakujitaska.
M: If one insults another continually without cause, the one insulted will retaliate, for he will become annoyed not because he is bad, but because he has been provoked to the limit. When you step on the tail of a snake, it will bite you if only to protect itself.
S: Long-suffering, patience, retaliation.

435. Njuci yako ni iyo yakuluma
T: Your bee is the one that has stung you.
C: Mulandu weneco ni uwo wamanyikwa, nchiwemi cara kulondezga makani ghambura kumanyikwa.
M: What matters most are facts.
S: Reality, truth.

436. Njuci zinandi zilije uci
T: Too many bees do not have honey.
C: Nkhanandi cara kuti apo pali njuci zinandi ziŵe na uci. Kung'anamula kuti ni umba cara uwo ukuteŵeta mulimo.
M: Not all present at a job may be working hard.
;S: Responsibility, cooperation.

437. Nkhanga zikapangana kundaphye/kundace
T: Guinea fowls made an agreement before the grass got burnt/before dawn.
C: Nkhuweme kunozgekerathu pambere masuzgo ghakumbere ghandafike.

M: Getting ready for potential dangers.
S: Preparedness, insight.

438. Nkhani nkha munyamata kakucekula cara
T: Chatting is like a youth it never grows old.
C: Kucezga kukumara cara mungamba makani ghamoza mbwenu ghanyakhe ghakwizirakwizira. Pakukhumbikwa kuwona nyengo yakucezgera.
M: There is no end to chatting, there is need to be time conscious when chatting.
S: Moderation, timing.

439. Nkhani yanjira ku njoŵe
T: The case has gone under the fingernail.
C: Kukandapo pa mulandu cifukwa cakuti wapokera cimbundi panji nimwasi.
M: To treat a case with kid gloves because of corruption or nepotism.
S: Corruption, bribery, partiality, injustice.

440. Nkhaŵa na adada
T: I had my father.
C: Kuyowoya za munthu uyo kalikose wakagomezganga kuti awiske ndiwo ŵamucitirenge. Para ŵawiske ŵakati ŵafwa wakasoŵa munthu munyakhe wakuti wamucitire tulimo twa ŵawiske ndiyo apo wakhala citima tolo "nkhaŵa na adada ine." Kugomezga kuti ŵadada ndiwo ŵaticitirenge vyose nchiweme cara kweni munthu wambirirenge kucita tulimo yekha twakumovwira.
M: This saying refers to a person who depended on his father to do everything for him. When the father finally died; he had no one to do what the father used to do for him thus he remained in deep grief, weeping, "I had my father." One must learn to be self-reliant without too much dependence on one's parents.
S: Dependance, reliance.

441. Nkhombo tikwamba mukati kusuka
T: We begin to clean a gourd from the inside.
C: Tiyambenge kujisanda mukati mwithu na kujisuska pambere tindasuske kwananga kwa ŵanyithu.
M: We must first check for our weaknesses before we point fingers at other people's weaknesses.
S: Hypocricy.

442. Nkhondo mbanasi/ŵalwani mbanasi
T: It is neighbours or relatives that are enemies.
C: Aŵo ŵakutinjizga mumasuzgo nyengo zinandi mbabali panjiso ŵanasi ŵithu.
M: More often than not, most of our problems stem from our relatives and friends.
S: Betrayal, quarrels.

443. Nkhondo ntha yikuzenga muzi
T: War does not construct (build) a village.
C: Para mucikaya muli nkhondo ŵanthu ŵakucimbiramo wose.
M: When there is strife in a village people run away.
S: Patience, tolerance.

444. Nkhongono za ng'wina zili ku mcira
T: The strength of the crocodile is in its tail.
C: Nkhongono na nchindi za munthu vikufumira ku ŵanthu awo ŵamuzingirizga na kumovwira; mwa ciyerezgero nkhongono na mazaza gha fumu vili mu nduna zakhe na ŵanthu ŵake.
M: Strength and honour of a person come from the family members that surround and help him. For example, the chief's power is in his councillors and his subjects like the strength of a crocodile which is in its tail.
S: Respect, authority.

445. Nkhucitira dala wakagoneka munda
T: I am doing it intentionally made the field lie fallow.
C: Kulekelera kukwanangiska vinthu.

M: Never put off any work until tomorrow without reason. Do it today if you can.
S: Procrastination, opportunity, laziness.

446. Nkhuku yikuliwa para yikunjira
T: The hen is preyed upon when it is about to enter the pen.
C: Vinthu vikunangika kuumaliro.
M: Things get spoilt at the very last.
S: Caution.

447. Nkhumanya kale wakazenga nyumba yambura mulyango
T: The one who said I know already built a house without a door.
C: Kufumba mahara kuŵanyithu kukovwira, pawekha ujirengeskenge waka.
M: Asking for advice will help us to be wiser. Doing things without advice may lead one into doing shameful things.
S: Advice, counsel.

448. Nkhumanya nekha wakakovya pasi
T: The one who said I know it all by myself dipped his lump of *sima* on the floor.
C: Uyo wakughanaghana kuti wangafumba kuŵanyakhe cara wakucita vyakukhozga soni.
M: He who did not ask for advice did shameful things.
S: Recklessness, counsel.

449. Nkhuni yimoza kuphikira mphika ungaphya cara
T: One piece of firewood does not make the pot boil.
C: Muunandi muli nkhongono.
M: There is strength in unity.
S: Cooperation, assistance.

450. Nkhuni yimoza tikumangira mziwo cara
T: One piece of firewood does not make a bundle.
C: Nchito yikunozgera wumba, pa yekha munthu wangatondeka.
M: There is much advantage in cooperating with others.
S: Diversification, cooperation.

449. *Nkhuni yimoza kuphikira mphika ungaphya cara*
One piece of firewood does not make the pot boil.

451. Nkhuni zakugombereka cizgezge cake naco nchakugombereka
T: Crooked sticks make crooked shadows.
C: Ukuyana waka na Citumbuka cakuti: "Nyiska yikubaba nyiska."
M: Like father like son.
S: Inheritance, immitation.

452. Nkhupwererako yayi walije nyumba
T: Mr I don't care has no house.
C: Munthu uyo wakuti wakupwererako cara pa cinthu cilicose wangapwererako cara nanga waŵavye nyumba. Cindere cili makorako kuluska munthu uyu.
M: Someone who says he does not care about anything cannot care

enough to have a house. There is more hope for a fool than this person.
S: Idiocy.

453. Nkhuweme kukhala mumphara kuluska kuvwara vizwazwa
T: It is better to be single than to wear rags.
C: Kaŵirikaŵiri mazgo agha ghakuyowoyeka na ŵanakazi ŵambura kutengwa, awo ŵakuvwara makora pakuseka ŵanyawo awo ŵali kutengwa kwene ŵafumu ŵawo kuti ŵakuŵavwarika cara.
M: Many times this saying is said by unmarried women who are able to dress well when they are comparing themselves with married women who are not well looked after by their husbands.
S: Contentment, singlehood.

454. Nkhuweme kukhala na wavinjeru mujere kuluska kuseka na cindere m'nyumba ya cifumu
T: Better to sit with a wise man in prison than to laugh with a fool in the chief's house.
C: M'nyumba ya cifumu umo mwazura vindere mulije kaweme cifukwa kuumaliro kuli citima kweni apo pose pali ŵavinjeru ŵakupangana vyakuzenga.
M: There is no real joy even in the chief's house if it is full of fools because joy ends in sorrow, but wherever the wise are, even in prison, there is counsel.
S: Repository, knowledge, wisdom.

455. Nkhuweme kukhala umoyo nga ni themba usiku umoza kuluska kukhala nga ni mberere umoyo wose
T: Better live like a king for one night than as a sheep for a lifetime.
C: Nanga munthu wangaŵa wakuyuyuka m'maso kweni usange zuŵa limoza wacita kanthu kakwenera fumu kuyuyuka kwake kukumara.
M: Even if a person may be lowly in the eyes of people should he/she do something worthy his/her respect is restored.
S: Respect, recognition.

456. Nkhuweme kulaŵiskamo mumulonga kuti mulije ng'wina ndipo uyambukenge
T: It is better to see if there are no crocodiles in the river before crossing it.
C: Pambere undayambe ulendo panji mulimo uwoneskeske kuti palije cakofya cilicose.
M: Before starting on a journey or an errand make sure that there is nothing dangerous.
S: Carefulness, circumspection, precaution.

457. Nkhuweme kulira na ŵavinjeru kuluska kuseka na vindere
T: It is better to weep with the wise than to laugh with fools.
C: Kulira na ŵavinjeru nkhuweme cifukwa cakuti kukupereka vinjeru na cimwemwe kuluska kuseka kwa vindere cifukwa paumaliro pakuŵa citima.
M: Weeping with the wise is much better because in their weeping there is wisdom and joy more than laughing with fools because at the end there is sorrow.
S: Providence, preference.

458. Nkhuweme kuŵa mutu wa ncheŵe yamoyo kuluska mucira wa nkharamu yakufwa
T: It is better to be the head of a live dog than a tail of a dead lion.
C: Kuŵa mulongozi pa mulimo uliwose nkhuweme kuluska kuti uŵe wakulondezga ŵanyako nanga mulimo ungaŵa wakuzirwa.
M: It is better to be a leader in any venture, however small, than a follower even in the most important things.
S: Leadership, prominence.

459. Nkhuwera unganipweteka
T: I am going home you may hurt me.
C: Pa nthengwa apo ukusuzgika comene nchiweme cara kukosera cifukwa ungafwirapo.
M: It is unwise to persist in marriage when your life is at stake.
S: Dissolution, divorce.

460. Nkhwesa zikuthaska (munthu) cara
T: Obstinacy does not redeem anyone.
C: Munthu wa nkhwesa nyengo zinandi wakuleka upangiri uwemi na kulondezga khumbo lake. Paumaliro wakuwa mu mbuna.
M: Sticking to one's ideas only often does not help.
S: Stubborness, insubordination.

461. Nchane ici cikavundira pa mkhuzi
T: This is mine it got rotten on the piece of cloth.
C: Kukakamira pa vyako kukwanangiska.
M: Stinginess in what one has often results in destruction.
S: Greed.

462. Nchembere ni mwanakazi kuluska kugona mumphala
T: Better to have an elderly woman than to be single.
C: Mwanakazi ni mwanakazi nanga wangaŵa nchembere kuluska kukhala wekha.
M: A woman is woman even if she has ever given birth before; it is not the same as having no woman at all.
S: Marriage, singleness.

463. Nchembere ya maphaska yigonenge cagada
T: A mother with twins should sleep on her back.
C: Usange munthu wakhala pakati ukulaŵiska kosekose ndipo ungawovwira makora.
M: Middle position in an undertaking is advantageous.
S: Strategy.

464. Ncheŵe kukutemwa nkhuyimenyera/ncheŵe yikutemwa uko ŵakuyimenyera
T: For a dog to love you, you must feed it/the dog loves where they feed it.
C: Usange uli na lusungu ŵanthu ŵakukutemwa ngati ni umo yikutemwera ncheŵe uyo wakuyipa vyakulya. Munthu wankhaza ŵanthu ŵakufwasa nayo cara.
M: If you are a kind person people love you just like a dog loves the

one who feeds it.
S: Generosity, charity, cheerfulness.

465. Ncheŵe ni ncheŵe mbwenu
T: A dog is always a dog.
C: Munthu wakaluso nchinonono kuti wasinthe.
M: A person with bad habits will hardly change.
S: Mannerism, unchangeableness.

466. Ncheŵe yaluma mweneco
T: A dog has bitten the owner.
C: Usange mwana wako wakucitira musinjiro para ŵalala ŵakukhumba kuti ugowoke pakuyowoya ndipo ŵakuti gowokani "ncheŵe yaluma mweneco."
M: When a child has said something bad to the parents and when elders are seeking reconcilliation they tell the parent to forgive the child saying, "the dog has bitten the owner."
S: Forgiveness, acceptance.

467. Ncheŵe yambura mino yikubwentha bweka
T: A toothless dog barks carelessly.
C: Ncheŵe yambura mino yikubwentha comene kuwofya waka kweni kuti yingaluma cara cifukwa yilije mino ghakulumira.
M: A dog without teeth barks the most threateningly yet it cannot bite because it has no teeth.
S: Dishonesty, discretion.

464: Nchewê kukutemwa nkhuyimenyera
For a dog to love you, you must feed it

468. Nchewê yazinga mcira yakhalapo
T: The dog has coiled its tail and sat on it.
C: Kufwasa kukuluwiska vyose ndipo kakhaliro kakulongora kuti munthu wali mu cimango.
M: Easy-life makes one forget everything and one who is at ease will show that he is at peace.
S: Affluence, peace.

469. Nchiheni kuŵawaka anyina ŵakuti mwana
T: It may be bad in the eyes of other people, but the mother says "child".
C: Nanga munthu wangaŵa muheni uli panji wambura kutowa, nyina wakumuwona kuti ni mwana wake mbwenu ndipo uheni wakuwuwona cara.
M: No matter how bad or ugly a person may be, to his mother he is not that bad or ugly.
S: Love, family, kinship.

470. Nchilonda ca mukati, ca pawalo ungasinga
T: It is an internal wound, if it were outside, you could bandage it.
C: Ulanda ukumanyikwa na wekha mukati, ŵanyako ŵanga-kumanyiska cara. Nanga nchinthu cakukhozga soni, ŵanyako ŵakuluwa kweni iwe ukukumbuka ni pera.
M: Loneliness is only felt by an individual, others cannot understand it.
S: Loneliness, regret, remorse.

471. Nchiluwa ca mbavi, iyo yikuluwa apo yatema?
T: Is it the forgetfulness of an axe, which forgets where it has cut?
C: Munthu muheni panyakhe wankhaza wakuluwa uyo wamucitira nkhaza, kweni uyo wasuzgika kuti wamukuluwa yula wamucitira nkhaza cara.
M: An evil person or a cruel person forgets the people he has illtreated, but the illtreated will never forget their illtreatment.
S: Cruelty.

472. Nchindi za nkhuku zili m'mahungwa
T: The respect of a chicken is in its feathers.
C: Ico cikumupa munthu nchindi ni banja na cuma cake. Pa yekha nchindi zose wakuŵavya.
M: What gives honour to a person is his family and belongings. All by himself he is nothing.
S: Respect, acceptance.

473. Nchindi zili na njombe
T: Respect has a reward.
C: Munthu wa nchindi kwa ŵanyakhe nayo ŵakumucitira nchindi. Uyo wakuzirwiska ŵanyakhe nayo ŵakumuzirwiska kuyana na nkharo yakhe.
M: A person who respects others will be respected. One who honours others will also be honoured by others according to his manners.
S: Love, friendship, reciprocity, respect, honour.

474. Nchipusu mama kutemwa ico cafuma m'nthumbo yakhe, kweni nchinonono kutemwa ca m'nthumbo ya munyakhe
T: It is easier for a woman to love what has come from her womb, but difficult for her to love what comes from another's womb.
C: Ungagomezganga comene mama wamunyako cara.
M: Never put too much trust in another person's mother.
S: Trust, favouritsm.

475. Nchiweme kuŵa pamoza na nkharamu para mberere ni fumu kuluska kuŵa pamoza na mberere apo nkharamu ni fumu
T: It is better to be together with the lion when the sheep is king than to be with sheep when the lion is king.
C: Nchiweme kupewa soka pambere lindafike.
M: It is better to avoid disaster before it approaches.
S: Caution, carefulness.

476. Nthamba nimbura (wa) nyina, Kamcikho wajinangira wamwene
T: The granary is motherless Kamcikho (the pole used in lifting the granary roof) you have wronged yourself.
C: Kususka uyo wakulyera masuku pamutu wa ŵanyakhe.
M: A protest to one who has taken an unfair advantage over others.
S: Protestation, exploitation.

477. Nthema nja pawalo, kazumbi nkhafumu (nthema nilyera pawalo munyakhe niŵili kuŵiko)
T: The big gourd is for the outside; the small gourd is for the chief.
C: Vinthu vyambura kuzirwa vikulongoreka pawalo kweni vyakuzirwa ni vyakubisika. Fumu yikumwera payekha mu kazumbi kweni nthema nja unandi pawalo.
M: The less important things are usually left in the open; the most important are hidden. The chief eats by himself in the house on his eating gourd but the rest of the people eat outside in the open.
S: Hospitality, goodwill, honour.

478. Nthengwa nchiphumila ca mlonga cikusaŵa cara kukhumuka
T: Marriage is like a steep river-bank, it crumbles quickly.
C: Mutende mubanja ukukaŵa cara kumara. Mbembe mubanja zikucitika kaŵirikaŵiri. Mufumu na muwoli ŵakukaŵa cara kulekana.
M: Peace in a family is easily upset. Quarrels and fights in a family are frequent occurrences. Husband and wife easily separate.
S: Dissolution, instability, divorce.

479. Nthowa yikwenda pa mutu wako cara
T: The path does not pass on your head.
C: Nchiweme cara kujilongolera nga ukumanya vyose mwakuti waliyose wizenge kuzakafumba kwa iwe panji kunjilira pa nkhani izo zikukukhwaska cara.
M: Never pretend to know so much that you must always be consulted or meddle in other people's affairs.
S: Self-control, discpline.

480. Nthowa yiliyose yili na vigodo
T: Every path has its stumps.
C: Pa cilicose ico munthu wakucita mpaka kaŵepo kamoza kakugongoweska.
M: In everything one does, there will always be some measure of disappointment.
S: Weakness, disappointments.

481. Nyakaŵikaŵika wamusuni wa mphatata
T: Mrs. Careful-keeper of potato gravy.
C: Kunena mama uyo ngwa vinjeru vya kuzizwiska (wakumanya kugwiriska nchito na musuni wa mboholi wuwo).
M: A wise, good housewife who knows how to provide for her family and store food for lean seasons.
S: Carefulness, prudence.

482. Nyalubwe wangasintha maŵanga cara
T: The leopard cannot change its spots.

C: Nkhwakusuzga kuti munthu wasinthe nkharo yakhe.
M: A deeply rooted behaviour can hardly be abandoned.
S: Unchangeableness, habit.

483. Nyama ni msuni
T: Meat is gravy.
C: Uwemi wa nyama uli ku msuni wakhe.
M: The goodness of meat as a relish is in its gravy.
S: Taste.

484. Nyama ya nkhwesa yikafwa na nyota
T: An obstinate animal died of thirst.
C: Nyama yinyakhe yikaŵa na nyota kweni cifukwa ca kujitemwa yikakana kumwa maji ndipo yikafwa. Munthu munonono mtima wakukhozgeka soni kuti warute kwa ŵanthu ŵala wakaŵatafulira ndipo ŵanganjira navyo musuzgo.
M: An animal that pretended not to be thirsty refused to drink water, and it finally died.
S: Stubborness, humility.

485. NyaNkhonjera wanitaya, combo nidolole cinyakhe (cinji)
T: Miss Nkhonjera has left me in the cold, I must bore another water-pipe.
C: Kukaŵa dada munyakhe wakumanyikwa comene ku Nkhamanga uyo wakalira mwanthewura pa nyifwa ya muwoli wakhe NyaNkhonjera. Sono ntharika iyi yikuyowoyeka para wakutemweka wafwa.
M: This was a lament of a well-known man from Nkhamanga at the death of his wife NyaNkhonjera. Now used at the loss of an

intimate friend.
S: Mourning, loss, eulogy.

486. Nyatazi pa ŵana ŵakhe yikufwirapo

T: A hen will die for her chicks.
C: Citemwa ca mama pa ŵana ŵakhe cikuruska comene wangazomera kuŵafwira.
M: A mother's love for her children overcomes all difficulties; she does not leave her child even if it means risking her own life.
S: Care, love, sacrIfIce.

487. NyaZuwulaninge wakacizga mufumu wakhe, NyaViphyenge wakakoma

T: *Miss Take some of the half-cooked food* healed her husband while Miss Let it cook first killed hers.
C: Mwanakazi mupusu pakupa vyakulya wakuponoska miyoyo ya ŵanthu kweni uyo wakuti waka viphye danga! viphye danga! wakukoma ŵanthu na njala. Unonono ngwheni.
M: A woman who is quick to give food to the hungry will save lives,

but one who is slow and waits until the food is fully cooked will kill people with hunger.
S: Hard-heartrdness, goodness.

488. Nyerere ni munkhwala wa m'nthumbo
T: Ants are medicine for the stomach.
C: Ŵalara ŵakale usange ŵaphika cindongwa cakulimizga sono mbwenu apo ŵanguŵika cindongwa cila cazura nyerere, ŵakamweranga kumoza na nyerere zila kuti ŵatuzge njala. Sono usange munyakhe wakukhumba kufumiskako nyerere zila ndipo ŵakati mwanga waka, nyerere ni munkhwala wa m'nthumbo.
M: When elders of old had brewed sweet beer (cindongwa) for drinking during communal work and if it was attacked by small black non-poisonous ants, they would drink it together with the ants. If one tried to remove the ants then they would say "just drink, for ants are medicine for the stomach."
S: Persuason, deception.

489. Nyifwa yikupasula/Njipankhuzi
T: Death disrupts/destroys.
C: Makani agha ghakuyowoyeka comene comene para nyifwa yacitika, sono piza mphambano pakati paŵabale ŵaciponde na muwoli waciponde panji mufumu wa ciponde cifukwa kukumazga wene-na-wene.
M: This saying is said especially when there has been a funeral and there are disputes between the relatives of the deceased and the relatives of the spouse of the deceased because such disputes tend to disrupt relationships.
S: Disputes, relationships.

490. Nyifwa yilije odi
T: Death does not knock at the door before coming in.
C: Nyifwa ntha yikupanganika, yikwiza nga ni munkhungu. Anthewura pakukhumbika kunozgekerathu pa umoyo withu na wa ŵana ŵithu.
M: Since death has no respect for persons and comes as a thief, it is

important to prepare for the inevitable.
S: Preparedness.

491. Nyifwa yili posepose
T: Death is everywhere.
C: Nkhunonono kuti munthu wacimbire nyifwa. Munthu waliyose wafwenge pa nyengo yakhe.
M: It is not possible for a person to run away from death. Every person will die one day at his/her own time.
S: Universality.

492. Nyiska yakulambalala luthango ndiyo yikumera zipondo (mphondo)
T: The duiker that goes around the fence is the one that develops horns.
C: Munthu uyo ngwa wofi pakucita vinthu ndiyo nyengo zinandi wakucita makora nakukhala umoyo utali.
M: A person who takes precautions in doing things in many cases does well and lives longer.
S: Cautiousness, circumspection.

493. Nyiska yikubaba nyiska
T: A duiker bears a duiker.
C: Kaŵirikaŵiri mwana musepuka nkharo wakukozga ya wiske. Nyengo zinyakhe usange mwana watola nkhope yaŵapapi kokotu ŵakuti nyiska yikubaba nyiska.
M: Oftentimes a male child takes after the behaviour of the father.
S: Semblance.

494. Nyoko ni nyoko nanga waŵe cilima/wapendere
T: Your mother is still your mother even though she may be lame.
C: Nyoko nanga wapendere ngwako kuti ungalongora wa mnyako kuti ndiyo nyoko cara.
M: Your mother even if she is lame is still your mother. You cannot claim a different woman to be your mother.
S: Respect, appreciation, contentment, love.

495. Nyoko ni nyoko wamnyako ndi jawo liŵisi
T: Your mother is your own mother that of another (e.g. a stepmother) is green cassava.
C: Jawo liŵisi ndi kali comene sono ndimo walili nyina wa mnyako muukali wake kuti wangakupwererera ngati ni nyoko cara.
M: Green cassava is very bitter and that is how the mother of your neighbour is in her wrath; she cannot care for you like your mother would.
S: Dependability, favouritism.

496. Nyumba ya cindere ntha yikupya
T: The house of a foolish/mad person does not get burnt.
C: Nkhuweme cara kunjirira pa cilicose, kanandi nchiweme kuwoneka cindere, ukupewa vinandi.
M: Do not poke your nose in other people's affairs. Keep out of it and mind your own business and by looking foolish you may save your face.
S: Discipline, self-control.

497. Nyumba ya dema ntha yikuphya
T: A house built of "dema" does not burn.
C: Munthu wakutimbanizga ŵanyakhe pa lwawo kuti ŵatinkhane para ŵakulwa iyo wakukakhala patali tokwa kuŵaseka, waluwa kuti ŵayanengeso cifukwa mphawanangwa wawo.
M: A confusionist will confuse family members so that they can quarrel. When they are fighting the confusionist stands aloof and laughs forgetting that they can reconcile.
S: Confunsionism, discord.

498. N'zakwithu, ntha wakunjiramo muciŵaya
T: "These are ours", does not go into the kraal.
C: Vinthu vyawumba kuti munthu ungajitemwerapo cara cifukwa nivyako cara.
M: One need not boast over community things because they do not belong to an indivudual.
S: Ownership.

499. Pa cigodo ico wakhuŵalapo ntha ukwendaposo (ukwendapo kaŵiri cara)
T: When you kick your foot against a stump on the way you do not go there again.
C: Para wakumana na cinthu ciheni ku ulendo panji pamulimo ukuwerezgaso cara.
M: You do not repeat a bad experience.
S: Regret, repugnance.

500. Pa cikaya pakunozga na ŵana
T: The homestead is nice with children around.
C: Pa kaya apo palije ŵana pakuŵa nga mphakupereŵera cifukwa palije wakusanguruska ŵapapi na wakuhalira malo usange ŵafwa.
M: Children are valued greatly in traditional society not only for the joy they give to their parents, but also as a sign of hope for the future.
S: Posterity, progeny, entertainment.

501. Pa mphasa (citala) apo mweneko wafumapo ndipo ŵakuunjika nkhuni
T: The mat (bed) of an absent person becomes a storing place for firewood.
C: Para munthu wafumapo ndipo vinthu vinandi vikuyowoyeka ivyo mweneco wandayowoyepo na zuŵa limoza. Viheni vyose vikuunjikika pa iyo ndipo ŵakumupusikizgira vinandi nga ni umo pamphasa apo mweneko wafumapo ŵakuunjikirapo nkhuni.
M: When a person is not present other people often put things which he did not say at all into his mouth. On him is heaped all sorts of unpleasant remarks and ill reports just as they use his sleeping-place for heaping firewood.
S: Gossip, slander.

502. Pa mulomo ni boma, para waseŵera napo pakukumangiska
T: The mouth is like the government, if you fool with it you may get arrested.

C: Ticenjerenge na mayowoyero ghithu, cifukwa tinganjira nawo musuzgo.
M: We need to speak wisely and carefully all the time, flippant speaking may get one into trouble.
S: Restraint, self-control, discipline.

503. Pa mulomo wa munthu ntha pa kuwindika
T: It is hard to miss one's own mouth.
C: Pakulya nanga kuŵe cisi kuti ungawinda pa mulomo cara.
M: When eating even if it is pitch dark you cannot miss your own mouth.
S: Accuracy, precision, routine.

504. Pa mutu pakuyegha kamokamo
T: The head carries one load.
C: Pa mutu umoza ungayeghapo tunandi cara kweni kamoza pera.
M: It is not possible for one head to carry a lot of load.
S: Ability, competence, limit.

505. Pa nyifwa yane na fuvu lizamulira
T: At my funeral even the dust will weep.
C: Nyifwa ya munthu uyo ŵabale ŵakhe ŵanandi ŵakhalirangako yikuswa mitima ndipo ŵakulira mbanandi.
M: The death of a dependable person causes great sorrow and attracts a lot of mourners.
S: Death, loss, sorrow.

506. Pa songa ya mutenje pakubisika na mutenje
T: What hides the tip of the roof is the roof.
C: Mbembe ya m'nyumba yingafumilanga kuwalo cara.
M: Domestic quarrels and disputes must not be known by outsiders.
S: Secrecy, concealment, disputes.

507. Pacokopacoko pakupanga muziwo
T: Little by little makes a bundle.
C: Usange munthu wakukhumba kusunga cuma panji kalikose kuti

kayandane wakwamba pacokopacoko.
M: If one wants to save money or anything so that it multiplies one must begin with small amounts.
S: Perseverance, patience.

508. Pacokopacoko pakupalura thumba
T: Bit by bit tears a bag.
C: Pakukhumba kusunga cuma usungenge pacokopacoko ndipo usange namacero cayandana.
M: If you want to make some savings keep a little each time and it will multiply.
S: Perseverance, patience.

509. Pafupi ni apo wafika
T: "Near at hand" is there where you have already arrived.
C: Usange wasanga kanthu nkhuweme kuwonga nakukagwiriska mulimo makora, kudokera vyakutali panji kulije.
M: Now is the time, tomorrow is another day. Make the best of the present situation.
S: Opportunity, promptness.

510. Pakaya pa mwana walireci
T: The home of what will a child cry for.
C: Pakaya pambura njala apo vyose vilipo vyakukhumbikwira pa umoyo wamunthu.
M: A home of plenty where every need in the life of a person is fulfilled.
S: Opulence, plenty, satisfaction.

511. Pakufuma mafira na minga penepapo
T: The coming out of pus together with a thorn.
C: Kusanga mwaŵi wakusanga cinthu ico ukupenja, nga nkhusanga munkhungu uyo wiba katundu wako pamoza na katundu.
M: Achieving all things one desires.
S: Fortune, blessing.

512. Pakufumapo pamalo ulekepo lusiwa (hungwa) lituŵa
T: When leaving a place leave a white feather behind.
C: Para munthu wakufumapo pa malo cikuŵa makora kufumapo makora cifukwa nyengo zinyakhe uko ukuya wamutondeka kukhala wamukhumbaso kuwelera kula ukafumira sono para ukanangako ungawerakoso cara cifukwa ca soni.
M: When a person leaves a place, it is better to leave behind a good impression because sometimes one may want to return to the same place and if one had left a bad impression one may not be able to return because of shame.
S: Responsibility, discretion, behaviour.

513. Pakufwira nyalubwe pali nthandasulo
T: Where a leopard dies there must be something beyond resistance.
C: Apo munthu wankhongono comene wateremukira na kuwa panguŵa suzgo likulu comene.
M: Where might gives in, there is irresistibility.
S: Iresistibility, struggle, inevitability.

514. Pakufwira ŵakulimapo cara
T: You do not clear the ground where you will die.
C: Pakuti palije munthu uyo wakumanya apo wafwirenge nchiweme comene kukhala makora na ŵanthu nanga nkhucilendo kuti usange ungafwa ŵakusunge makora.
M: Since no one has any idea where one will die, it is wise to live peacefully with neighbours, even in a foreign land, so that they may take care of you when you die or when you are in trouble.
S: Co-existence, neighbourliness.

515. Pakugona ciphongo pakununkha
T: Where a billy goat sleeps stinks.
C: Munthu wali yose walongorenge wanalume pa mulimo mwakuti ŵakhutire na milimo yakhe.
M: Display the utmost workmanship. Show the world that you can

do it.
S: Manliness, commitment, hardwork.

516. Pakulima mpha mtima
T: It is the stomach that works in the field.
C: Cakulya nchakukhumbikwa mu umoyo cifukwa cikupereka nkhongono.
M: Food is good for health and nourishment.
S: Energy, nourishment.

517. Pakumera mcira ntha pakunyenyera
T: Where a tail is to grow it does not itch.
C: Munthu para wakucita uheni uliwose wakughanaghana kuti wangakoreka cara kweni zuŵa la soka likufika.
M: One cannot predict and foresee a misfortune coming. It comes unexpectedly.
S: Misfortune, surprise.

518. Pakusendemuka maji ghakukhola cara
T: Water does not stagnate at a sloppy place.
C: Munthu waliyose wakwenera kujipwererera yekha.
M: Everybody has to take care of him/herself.
S: Self-reliance, dependence.

519. Palije cisisi usange uli na mwanakazi
T: There is no secret before a woman.
C: Kanandi ŵanakazi ŵakutondeka kusunga visisi.
M: Women generally fail to keep secrets.
S: Secrecy, privacy.

520. Palije kanthu ni munkhwala wa pa cilonda
T: To say it is alright is medication for a wound.
C: Para munthu wamunangira munyakhe pakugowoka wakuti palije kanthu vyamara. Cilonda nkhanthu kala kangukwiyiska munyakhe.
M: The proverb is said when a person has wronged another. Then the person who was wronged will say "Palije kanthu vyamara"

(It is alright, its over).
S: Forgiveness, neighbouriness, reconciliation.

521. Pambura suzgo palije mtende
T: Where there is no trouble there is no peace.
C: Viweme vikwiza vyekha cara wambura kusuzgikira nakufyulirapo thukuta/vuche.
M: No good thing will come without sweat.
S: Hardwork, reward.

522. Pamoŵa ntha ŵakulayira
T: At a beer party there is no need to bid farewell.
C: Cifukwa ico pa moŵa ŵakulayilira yayi nchakuti ŵabwezi ŵakucita kucicizgana kuti ŵarutirire kumwa panjiso kucitirana ciŵembu. Sono para munthu wakukhumba kufumapo wakunyung'umuka waka pakukhumba kujithaska.
M: The reason you do not tell friends that you want to leave at a beer party is that the others will insist that you keep on drinking or they may lay in wait to harm you. To save yourself you leave as if you are going to the toilet.
S: Conspiracy, farewell.

523. Pamozapamoza pakavundiska jungu
T: Staying in one place made the pumpkin rot.
C: Kaŵirikaŵiri para munthu wakhala malo ghamoza nyengo yitali wakumanya vinandi cara, wali nga ni jungu ilo likuvundira malo ghamoza.
M: Oftentimes a person who overstays in one position cannot develop mentally, he becomes like a pumpkin that gets rotten for being stationary.
S: Travelling, experience, learning.

524. Pamulomo ntha pakuwinda (kalomo ntha kakuwinda)
C: Pakulya nanga kuŵe cisi kuti ungawinda cara pa mulomo. M: When eating food even when it is very dark one does not miss

one's own mouth.
S: Accuracy, precision

525. Pamulomo pakurumba cara, ukurumba ni mtima
T: The mouth is not grateful, but the heart is.
C: Wamunthu ulumbenge nyengo zose, kupokerera waka cara.
M: It is always common courtesy to be grateful when you have recieved help than being quite.
S: Gratitude.

526. Pamutu palije nthowa
T: There is no path on the head.
C: Mazgo agha ghakuyowoyeka pakuwezgera nchindi izo munthu wapereka pakukhumba kujumpha pa malo apo pakhala ŵanthu ŵa nchindi zawo.
M: This is said in response by respected people to the respect given by a passerby who says 'on the head', and the respected people will respond, "there is no path on the head."
S: Respect, courtesy.

527. Pankhondo ŵakuseka cara
T: One does not laugh at war.
C: Wanice ukukhumbikwa cara pa nchito panyakhe pa vinthu ivyo vikukhumba kucitika mwa nchindi ngati mpha nyifwa na pavisopo.
M: At work and important functions adopt appropriate discipline.
S: Seriousness, maturity, popriety, discipline.

528. Pano mphakwithu nipara walya wakhuta
T: You can say this is home, only when you have eaten and filled your stomach.
C: Kusanguruka pa banja nchakulya, para palije pakuŵa suzgo.
S: Happiness, industriousness.

529. Panthazi napo pangaŵa pamanyuma/wakunthazi wangaŵa wakumanyuma
T: The front is as good as behind/the one in front may as well be at

the back.
C: Mazgu agha ghakuyowoyeka na ŵanthu ŵakuzikira pakucita vinthu para ŵapulika kuti ŵanyawo ŵali na vyakutivyakuti cifukwa ŵakumanya kuti nawoso panyengo yawo ŵizamvisanga.
M: Keep cool, fortune has its own time-table: today its him, tomorrow it will be me.
S: Patience, contentment.

530. Para cakhwima, cingazakasoŵa cara
T: When it matures it will become conspicuous.
C: Nkharo yiheni usange yafikapo pa uheni pakuŵavya uyo wakuzizwa.
M: When a bad habit is left to grow it does not surprise anyone when it develops into bad behaviour.
S: Restraint, formation.

531. Para cimbwe wakora waŵera wakora wakutaya cara
T: When the hyena grabs something, he never lets go.
C: Munthu ungatayanga cara ico ukucigomezga kweniso cakukupa mwaŵi nga ni nchito.
M: Stick to what you have and be contented.
S: Seriousness, caring.

532. Para maji ghathika ntha ghakuyolekaso/maji para ghathika ghaŵera ghathika
T: Spilt water cannot be recollected / when the water is spilled it is spilled.
C: Pala cinthu canangika kanandi cikuŵa cakusuzga kuti ciwerereso mwa kale.
M: This saying is usually said over a case where one has broken someone's property or something, or has wronged another in a manner that there is no reparation.
S: Acceptance, resignation.

533. Para malundi ghali mu mlonga leka kwambana na ngwina
T: When your feet are in the river do not quarrel with a crocodile.

C: Nkhuweme cara kwambana na munthu wamazaza pamalo.
M: It is not good to fight against those in authority, as their decisions against you are likely to be disastrous.
S: Caution, consideration.

534. Para masuzgo ghakuwira ghakwiza limozalimoza cara
T: When troubles come; they come in torrents.
C: Mwambi uwu ukuyowoyeka usange munthu wasangana na-masuzgo ghanandi ndipo kuti ghakumara cara.
M: Experiencing a multitude of problems. "It does not rain but it p ours."
S: Misfortune, trouble.

535. Para mbwengu/pusi wacekula ŵakumulyeska mbana
T: When a monkey has grown old, it is fed by the younger ones.
C: Ŵanthu ŵakwenera kupwererera ŵapapi ŵawo panji ŵabali ŵawo awo ŵacekula.
M: It is important that we should care for our aged parents and relatives.
S: Care, concern.

523: Pamozapamoza pakavundiska jungu
Staying in one place made the pumpkin rot

536. Para munthu wakukhumba kusambazga wavware nkhwato
T: In order to become rich, one must wear sandals.
C: Kuti munthu wasange makora waleke kucimbilira vinthu vyapacanya mwakuti wasunge ndarama.
M: To save money one needs to cut on luxurious expenditure.
S: Wealth, frugality.

537. Para munthu wakwenda na ŵankhungu nayoso ni munkhungu
T: If one moves with thieves he, too, is a thief.
C: Nanga munthu wangaŵa na nkharo yiweme kweni usange wakwenda na awo mbankhungu nayoso wakusambira unkhungu.
M: Even a person of good behaviour becomes susceptible to corrupt behaviour through evil association.
S: Pollution, association.

538. Para mnyako wati fyugudu naweso fyugudu
T: When a friend has taken a lump, you must also take a lump.
C: Apo mnyako wakupokera viweme naweso upokere penepapo.
M: When your friend is receiving a favour, you, too, must seize the chance.
S: Opportunity.

539. Para nafwa naŵera nafwa
T: If I die, I die.
C: Kupata umoyo pa kanthu kanonono ako panji kangakukoma ndipo ŵakuti para nafwa naŵera nafwa.
M: Throwing up one's life to courage and indulging in an endevour that might destroy one's life.
S: Courage, daring.

540. Para ndiwe wambura kutowa nkhope uŵe cilimbi
T: If you are ugly at least know how to sing.
C: Usange wamunthu ndiwe wambura kutowa kweni uŵeso na

nkharo yiheni ŵanyako ŵangakutemwa cara, kweni para ukukhumba kuti utemweke uŵe na nkharo yiweme iyo njakukopa ŵanthu. Nanga uŵe mujira pa vinthu vinandi kweni yezga wuwo kucita makora comene pa cinthu cimoza ico ŵangakutemwera.

M: Should you be ugly and have bad behaviour no one will love you. But if you want to be loved then have good behaviour, which will attract people to you. Even if you are not good at many things let there be something in which you excel.

S: Initiative, compensation.

541. Para nkharamu yakora ng'ombe muciŵaya cimoza, ŵanyakhe wose ŵakupemba moto

T: When a lion catches an ox in one kraal, all the rest make big fires.

C: Munthu ukusambirira apo mnyako walangikira ndipo iwe ukusintha macitiro

M: Learn from other people's misfortunes. Act differently to deter the misfortune.

S: Precaution, learning.

542. Para phuno lavunda limoza mucitete wose ghavunda

T: When one tomato is rotten in a basket all are rotten.

C: Usange pawumba wa ŵanthu pali yumoza wa nkharo yiheni wangamanya kwananga ŵanyakhe wose.

M: One bad influence will spoil the whole lot.

S: Association, pollution.

543. Para skaŵa yasweka ntha ungamanya kuyiwezgeraposo umo yikaŵira

T: When a groundnut pod has been broken, you cannot close it again as original.

C: Usange munthu mnyakhe wapalamula mulandu wakuti u-nganyoroskeka yayi ndiyo ŵakumuyowoyera ntheura.

M: A crime that has no reparation.

S: Acceptance, resignation, irreversibility.

544. Para soka lakusanga mwanakazi wakukana wakuvulavula
T: When you are beset by so many misfortunes, even the already undressed woman will reject you.
C: Masoka pakwiza nyengo zinandi ghakulondezgana. Awo ŵali kale na masuzgo ndiwo ghakusazgikirapo ghanyakhe. Kuli ngati ni munthu uyo wali na masuzgo ghanandi, na mwanakazi uyo wangusonga nayo wakumukana apo wavura kale.
M: Confirmed hope marred at the last moment.
S: Misfortune.

545. Para somba yavunda yimoza zose zavunda
T: When one fish is rotten the whole lot is rotten.
C: Usange pawumba wa ŵanthu ŵa nkharo yiweme pali yumoza wa nkharo yiheni, wankharo yiheni wakwananga ŵanyakhe wose, panji nkhani yimoza yiheni yikwananga makani ghose ghaweme awo ghangayowoyeka.
M: A person of bad influence will easily mislead the group towards his bad ways.
S: Association, pollution.

546. Para Titi wakhuta ntha wakulayira pa thuli
T: When the sparrow is satisfied, it does not bid farewell to the pounding mortar.
C: Usange munthu ngwamufyulizgo wambura kuwonga ŵanyakhe awo ŵamucitira ciweme ndiyo pakumunena ŵakuti: Para Titi wakhuta ntha wakulayira pathuli.
M: This is said of an ungrateful person who after recieving something goes away without a word of gratitude.
S: Hospitality, thanksgiving.

547. Para vura yamwetulira (kudidimizga) ŵavinjeru ŵakwegha nyumba
T: When clouds are seen/when rain thunders the wise men thatch their houses.
C: Munthu wavinjeru wakulewerathu suzgo para licali patali.

M: A wise man avoids problems while they are still very far.
S: Precaution, learning, prudence, preparedness.

548. Para wajima khululu undira luŵiro
T: When you dig a pit fill it up quickly.
C: Kusazgirako cara pakuyowoya uheni waŵanyithu. Usange unenenge munthu kuyowoya vinandi cara bisa vyose ivyo ungabisa.
M: One must never exaggerate in speaking of the bad side of another. If you have to say something about somebody do not say too much.
S: Respect, truth, slander.

549. Para ŵaphemana (ŵasayana) ŵaleka
T: If they have reconciled leave them.
C: Nanga mpha wene na wene nyengo zinyakhe mpaka ŵambanepo.
M: It is not always that friendship is rosy, at times fights may ensure.
S: Friendship, reconciliation.

550. Para walya matunduruka gha jara pambiya ujimanye
T: When you have eaten "Matunduruka gha jara pa mbiya" know yourself.
C: Matunduruka gha jara pa mbiya para walya ghakukaka munthumbo ndipo n'kunonono kuti ulute kucimbuzi. Kung'anamula kuti usange munthu wayamba mulimo unonono unozgekenge kulimbana nawo mpaka umale.
M: When you venture into a difficult task be prepared to work hard until you finish.
S: Perseverance, determination.

551. Para wasambazga ungakweranga paciduli
T: When you have grown rich do not climb the anthill.
C: Para wasambazga kujilongolera cara.

M: Do not show off when you have become rich.
S: Showy, arrogance.

552. Para wasambazga ungalizganga mbata
T: When you grow rich do not blow your own trumpet.
C: Musambazgi wakucita kucemerezga yayi cifukwa ŵanthu ŵakumanya ŵekha kuti uyo ni musambazgi cifukwa camawonekero.
M: A rich person does not need to blow a trumpent because people will know him/her.
S: Arrogance, pride.

553. Para wasambazga uyowoyerenge m'nkhombo
T: When you are rich speak from inside the gourd.
C: Para ukuyowoyera m'nkhombo mazgo agho ukuyowoya ghakupulikwika makora cara cifukwa cakuti ghakubisika na nkhombo, sono lekani ŵakuti para wasambazga uyowoyerenge m'nkhombo kuti ŵanthu ŵaleke kumanya kuti wasambazga kweni umanyenge wekha.
M: When one is speaking with the mouth in the gourd he can hardly be heard because the sound is suppressed by the gourd that is why it is said that when you are rich speak from inside the gourd so that they do not advertise their riches.
S: Discretion, respect.

554. Para wenda cakwinu leka
T: When you have travelled leave everything you do at your home.
C: Nkhunonono kuti munthu ucite ivyo ukukhumba kucikaya caŵene, ukupulikira na kulondezga ivyo ŵeneco ŵakukhumba.
M: It is difficult for a person to do as one pleases in other people's home, you only follow and obey what they do.
S: Humility.

555. Para wenda leka lundi para waleka mulomo uzamukusanga
T: When you travel leave footprints, when you leave the mouth it will find you.
C: Lundi ndiyowozi nga ni mulomo cara sono usange ukukhumba

kuti milandu ya utesi yileke kukulondezga kufuma uko wenda kukayowoyako vinandi cara.
M: When you travel away talk little to avoid implications following you later on.
S: Quarrels, gossip, misbehaviour.

556. Para wenda wasoŵa/wapankhuka (Kwenda nkhupankhuka)
T: When you have travelled you are lost/destroyed.
C: Pa cikaya cako uli munthu kweni para wenda ku vyaro panji vikaya vya ŵanji, ŵakukupokelera ngati uli munthu wakuzirwa cara.
M: You are an important person in your home but when you have gone elsewhere you are not welcomed with equal respect.
S: Belonging, prejudice, travel.

557. Para zumbwe wacekula nkhuku zikumujumpha pa mphuno
T: When the wild cat grows old chickens pass him by the nose.
C: Kung'anamula munthu wa nkharo yakhe (nga nkhutemwa ŵanakazi) uyo sono wayileka ndipo wakukhala waka.
M: Elders say this to a person who had a certain habit like the love of women when he has stopped altogether and just looks at them.
S: Uselessness, inactivity.

558. Para zumbwe wayamba kupharazga pwerererani nkhuku
T: When the wild cat begins preaching keep your chickens safe.
C: Zumbwe wakukora comene nkhuku sono para wayamba kulira pafupi na nyumba mukumanya kuti nkhuku ziliwenge. Mwenemumoso para munkhungu panji munthu muheni wayamba kwiza pa cikaya cako niwaka cara wakukhumba kwanangapo.
M: When the wild cat begins mewing near your house just know that your chickens are in danger. In the same manner when an ill-behaved person begins to come to your home it is not for nothing.
S: Avoidance, warning.

559. Pasi pali kuya ŵanthu ŵavinjeru kuleka vindere mucaru
T: To the ground the good/wise have gone leaving fools in the world.
C: Ŵanthu ŵaweme ŵakusaŵa cara kufwa kweni ŵaheni ndiwo ŵakukhalilira.
M: The good usually die quickly, but the bad live longer.
S: Ephemeral, fate.

560. Pati bii pali minga, pati tuu pali mafira
T: Where it is dark there is a thorn, where it is white there is pus.
C: Apo ukukayika kwendapo pali ulwani ipo uleke kwendapo. Pakweru palije ulwani.
M: Whenever one suspects danger one must be extremely careful.
S: Attentiveness, caution.

561. Pati josi sunkhu pali moto/josi tolo pali moto
T: Where there is smoke, there is fire.
C: Mphwepwerera ya makani ghaheni nyengo zinandi nja waka cara yikulongora kanthu ako kakuzakamanyikwa na ŵanandi para pajumpha nyengo yitali.
M: Bad rumours do not just circulate, in most cases it shows there is something that will be made public after sometime.
S: Rumours, source, causality.

562. Paumba ntha tikuvulirapo
T: We do not undress in the public.
C: Pa umba mphakuyowoyerapo vyacisisi cara. Nkhuweme ku-sunga cisisi.
M: There must be limits to what one can expose to the public.
S: Confidentiality, privacy.

563. Pavyaŵanyako dozidozi pavyako khwinyu
T: On other people's things give-give on yours tightened.
C: Munthu wakutemwa comene kulomba vyaŵanyakhe kweni para iyo wali navyo wakucita vyakubisa.
M: A person who loves begging from others and yet when he has p

ersonal possessions of which others can beg he hides them.
S: Covetiousness, greed.

564. Pawa cimbwi pateremuka
T: It is very slippery where the hyena falls.
C: Apo munthu mulala wanangirapo panguŵa nthandasulo.
M: An unexpected mistake of an experienced person.
S: Unexpectedly.

565. Paweme ŵali kutayira ncheŵe
T: They have thrown the delicious part to the dog.
C: Kupereka viweme kwa munthu wambura kwenerera.
M: A worthless person is given the cream of something.
S: Indiscretion.

566. Penthyapenthya pakwenda nkhuwa cara
T: When one staggers it is not falling down.
C: Mwambi uwu ukafumira pa ŵanthu ŵaloŵevu awo cifukwa ca kuloŵera ŵakwenda mwa penthyapenthya kweni kuti ŵakuwa pasi cara. Sono usange munthu wakutondeka kulondezga makora vyose ivyo wakwenera kucita panji pa nkhani ya cuma ndiyo ŵakuti wakwenda ca penthyapenthya kweni wandawe.
M: This saying comes from drunkards who stagger when walking because of their drunken state yet they do not fall. Now when a person is struggling to excel that is when it is said he is staggering but not yet fallen.
S: Staggering, effort.

567. Phangano la mutu wa Yohane
T: The promise of John's head.
C: Usange wangupangana na munthu sono ukuwona kuti wakuŵa ngati watondekenge kufiska pangano lira ndipo ukumuyowoyera kuti "pangano la mutu wa Yohane" kuti wasunge ngati ni umo wakacitira Herode.
M: Urging someone to fulfil a promise he made, just like Herod did.
S: Promises, commitment.

568. Phepa ntha wakupozga cilonda
T: An apology does not heal the wound.
C: Mazgu gha ciphepisko para wamubudira munyako ngambura kukwanira, kweni kucitapo kanthu nga nkhupereka nkhuku yituŵa.
M: An apology without reparation changes nothing.
S: Apology, restitution, reconciliation.

569. Phepa wakumazga mulandu cara
T: Sorry does not end a dispute.
C: Kaŵirikaŵiri phepani wapamulomo usange mwanangirana wakukwanira cara, pakukhumbikwa kacoko kakupuputira masozi.
M: To say sorry by word of mouth in a dispute is not enough, there must be a token to go with it by way of propitiation.
S: Responsibility, restitutioin.

570. Phika phere (moŵa) upulike uyo wakoma nyoko
T: Brew beer so that you can hear who has killed your mother.
C: Pa phere ndipo ŵanthu ŵakumalira mazgo mwakumasuka. Usange munthu wakukhumba kupulika ukaboni wose pa ivyo vyacitika pakukhumbikwa kunyengerera cifukwa cakuloŵera ŵakujiyowoyera bweka.
M: Under the influence of beer, people tend to talk without reservations. To get to the heart of any issue, you need to be very tactful.
S: Tact, diplomacy.

571. Phula ngozi/Torapo soka
T: Reap an accident/catch misfortune.
C: Kucita ngozi mwakupweteka munthu.
M: To cause an accident by injuring someone.
S: Unexpected.

572. Pilipita ŵasepuka ni mulomo (wako)
T: In wrestling (with a case or times of stress) the boys (lads) are

your mouth.
C: Kujikhomera kuyowoya n'kuweme, ukujithaskiramo. Mnyako kuti wangakovwira kukuyowoyera cara.
M: Depend on your eloquence when in a tight place (eloquence is your best assistant).
S: Eloquence, defense.

573. Polepole kulya kwa nkhoŵe
T: Bit by bit, the eating of *nkhoŵe*.
C: Nkhoŵe ŵakulya makoramakora cifukwa zikusuzga pakusumba kuwopera kuti zingafuma mumulomo. Sono ŵarara para ŵakuteŵeta mulimo unonono na wakusuzga ŵakuti polepole kulya kwa nkhoŵe.
M: Nkhoŵe is eaten very slowly because it is difficult to eat and can easily spill out of the mouth. Meaning that when elders are doing a difficult task they say slow but sure.
S: Caution, care.

574. Lekani ni yezge tambala wakagona na nyina
T: Let me try, the cock slept with his mother.
C: Pa ivyo tikukhumba kufiska tingawanga nkhumbi cara.
M: We must never lose heart if we want to achieve our ambitions.
S: Persistence, perseverance, hardwork.

575. Lekani ninozge bwabwalala/lumbe wakananga mulomo wa mwana wake
T: Let me decorate it "bwabwalala/lumbe" (a night bird with a wide mouth and wings that have long feathers) spoiled the mouth of its baby.
C: Apo munthu wakughanaghana kuti wanozgenge vinthu kwambura kumanya kuti ndipo wakwananga. Munthu ungacitanga vinthu na ulato wakuti ulumbike cifukwa unganangiska vinthu.
M: Sometimes when one thinks he/she is doing a better job by adding some embellishments one only discovers that the job has been spoiled. Do not be too showy.
S: Impatience, scrupulousness.

578: Sima yakulindilira yikuphya luŵiro cara
The *sima* you wait for does not get cooked quickly.

576. Sabola mukoloŵere ntha wakuŵaŵa
T: Old pepper is no longer hot.
C: Mayowoyero gha ŵaukirano kuti mahara ghakale sono ngambura kovwira, ghali kusukuluka.
M: This is used by young people to mean that old things, old wisdom, etc is now no longer relevant, it is out of date.
S: Insubordination, rudeness, obsoleteness.

577. Sangurukira mlendo, mukhuto ntha ngwandanda
T: Be cheerful to a visitor, being filled with food is not for ever.
C: Ungatinkha mulendo cifukwa ca cakulya, usange mukhuto namacero wamara, ukukhumbaso kulya.
M: Never hate a visitor because of food, you will discover that even though you have eaten enough today you will be hungry again

tomorrow.
S: Hospitality, goodwill, generosity.

578. Sima yakulindilira yikuphya luŵiro cara
T: The *sima* you wait for does not get cooked quickly.
C: Kujandamuka pakucita vinthu nkhuweme cara kweni kuzikira ndiko kukovwira.
M: Things that one impatiently waits for seem to delay.
S: Self-control, patience.

579. Sima yilije ciwangwa
T: *Sima* (thick porridge made of maize flour) has no bone.
C: Sima nanga yicepe mungalyapo mwa ŵanandi cifukwa mukutayako cara.
M: Even if there is little *sima*, it can be eaten by a sizeable group because there is nothing to throw away like a bone.
S: Sharing, generosity.

580. Skapato yimoza ŵakuvwara ŵanthu ŵawiri cara
T: One shoe is never worn by two people at the same time.
C: Ufumu umoza ŵangakhalapo ŵanthu ŵanandi pa nyengo yimoza cara.
M: Respect someone else's authority.
S: Authority, respect, leadership

581. Skaŵa ya kuvunda yikufunyiska zinandi
T: One rotten groundnut makes one spit out many good ones.
C: Kwananga kwa yumoza kungananga lumbiri lwa banja, cikaya, panjiso caro cose.
M: One man's mistake can affect quite a number.
S: Association, influence.

582. Skaŵa ya munthowa ni munkhwala
T: The groundnut/peanut found along the path is medicine.
C: Paulendo usange munthu waziya comene para wasanga skaŵa munthowa wakasolanga na kulya kuti mata ghawereremo m'mulomo.

M: On a journey, if a person is very hungry and found a fallen off peanut one could pick it and eat so that the saliva could come back in the mouth.
S: Provision, relief.

583. Soka la mujuŵa ngoma yikulinda moto
T: The bad luck of a maize stalk (which is eaten raw) the green maize waits for the fire (to be roasted or cooked).
C: Soka la mujuŵa ndakuti para waca ukulyeka wambura kuphika panji kocha apo ngoma yikulinda kocha panji kuphika. Mwambi uwu ukuyowoyeka pa munthu uyo wasuskika pa mulandu wambura kulindizga ceruzgo.
M: The maize stalk is eaten without being cooked or roasted and, therefore, is eaten first while the green maize has to wait for cooking/roasting. This saying refers to a person who is found guilty of a crime that does not need any serious judgement.
S: Prejudice.

584. Soka la mnyako likupe vinjeru
T: The misfortune of your neighbour should give you wisdom.
C: Nyengo zinandi ŵanthu ŵakusambirirapo pa suzgo laŵanyawo.
M: People learn from the mistakes of others.
S: Learning, precaution.

585. Soka la nkhuku nkhukomeka
T: The fate of a hen is to be killed.
C: Pali vinthu vinyakhe ivyo ni vyakukanizgika kuvicita kweni cifukwa ca udindo wake wakucicizgika kucita.
M: There are certain things, which though disagreeable have to be done because of one's status.
S: Inevitability.

586. Soka ntha tikuphara
T: Bad luck is never reported.
C: Munthu usange wapona ku mulandu umoza ungawerezgangaso dala cara cifukwa ukumanya cara usange ungayakaponaso.

	Usange waliwa munthu ungayowoya cara kuti naliwa.
M:	Once you meet a disastrous end you cannot give a report.
S:	Misfortune.

587. Soza ndiyo wanatulo (soza ndiyo wakukuzga ŵana)
T: Sima without relish brings good sleep (sima without relish makes children grow).
C: Para dende lacepa, ŵarara ŵakukhumba kuti ŵana ŵalye ni pera sima kuti yimare, sono kuti ŵaleke kudonda pakulya ndipo ŵakuti soza ndiyo wanatulo.
M: Encouraging chidren to keep on eating even when there is no relish so that food should not be wasted by thrown way.
S: Persuasion, encouragement.

588. Sumbi la muhanya uno lili makora kuluska nkhuku ya macero
T: Today's egg is better than tomorrow's hen.
C: Nchiweme cara kuŵerengera kuti wasanga mwaŵi pambere undize, lindizga panji utondekenge.
M: It is unwise to boast before you have actually achieved your goal just in case you fail.
S: Unreliability.

589. Sumu yimoza kuchezerera gule wangakonda cara
T: One song won't make an overnight dancing party enjoyable.
C: Gule kuti wakonde ni para pali sumu zinandi, sumu yimoza yikuvuska, nchezgo nazo zikunozga kusinthasinkha.
M: You enjoy dancing to a variety of songs. One song would be boring. The same applies when chatting; you need to change topics to enjoy your conversation.
S: Variation, change.

590. Sunga mucekulu wako, ŵamwali mba gwazamo
T: Keep your old-mate, the youthful ones are dangerous.
C: Mwanakazi uyo watola ukwenera kumusungilira, para wawona mwali kuti ndiyo nitole, wandakukuleka pa wekha.
M: The woman you marry in youth is likely to keep you than a

youthful woman who attracts you in old age.
S: Appearances, deception.

591. Takoratakora! (Takaratakara) ŵasepuka ni mawoko
T: We hold-we hold! Young men are hands.
C: Para nchito njinandi comene ŵasepuka ŵakovwira kuti nchito yipepuke.
M: Many hands, especially those of the youth make work lighter.
S: Assistance, help.

592. Tambala ntha wakulira kwa ŵene
T: The cock does not crow in enemy territory.
C: Munthu ufumu ukuusa m'cikaya cako; kwaŵene ungausa cara.
M: If you are a chief or a boss at your home, do not try to exercise your powers in other people's territory.
S: Respect, authority, responsibility.

593. Tambala wamukaya ntha wakulira ku msumba/tauni
T: A village cock does not crow in town.
C: Kwaŵene wa munthu ungapangirako ciwawa cara. Nanga ni fumu kwa ŵene yilije mazaza.
M: Everyone is a free man in his own territory, when one moves elsewhere; he is treated like a commoner.
S: Respect, authority.

594. Tangugona pa Ngwenyama, tanguleka pa Kaswera
T: We (spent the night) slept at Ngwenyama, we should have slept at Kaswera.
C: A Ngwenyama ŵakaŵa na mtima wa nkhaza ndipo kuti ŵakapokereranga ŵalendo cara, apo a Kaswera ŵakamanyikwa cifukwa ca wanangwa wawo. Munthu wambura kupokerera ŵalendo ndiyo ŵakumunena mwa ntheura.
M: Ngwenyama was notorious for inhospitality while Kaswera was popular for his generosity. Now used in reference to any lack of hospitality experienced or the reverse to express appreciation of a

welcome.
S: Inhospitality, hospitality, reliability, gerousity.

595. Tati tikhaleko namwe wakapoka muzi
T: "Let me stay with you" eventually took over the village.
C: Bondwe wakasoŵa pakukhala ndipo wakalomba ngoma kuti wakhaleko nawo. Paumaliro munda wose ukazura na bondwe ndipo ngoma zikasoŵa pakukhala. Ŵanthu awo tikuŵalengera lusungu nyengo zinyakhe ŵakuzakaticitira nkhaza.
M: Bondwe had nowhere to live so he went to ask maize if he could be allowed to live in its field just at the corner. In the long run the stranger took over the whole maize field.
S: Deception, exploitation.

596. Tawona vya lero: nyumba ŵapasira/ŵeghera mukati
T: We have seen new things: a house being thatched from inside.
C: Cinthu cakudanga kuti cikwenera kucitika panyuma cara.
M: Putting the cart before the horse.
S: Puzzlement, mystery.

597. Taya sima m'maji uzamuyisanga para pajumpha mazuŵa ghanandi
T: Throw your food in water, you will find it after many days.
C: Kulyeska mulendo uyo ukuleka kumumanya kukuyana na kutaya cakulya m'maji cifukwa pakwamba kukuwoneka nga ni para cakulya cila ungacisangaso cara kweni para pajumpha mazuŵa ghanandi ŵanthu ŵanji (panji mweneyura) ŵazamukupa apo wagomezganga kuti ungapokera kanthu cara.
M: Feeding a stranger is like throwing your food into the water for at first thought there is no hope of finding it but someday you will be rewarded unexpectedly by the same stranger you assisted or someone else.
S: Friendship, giving, generosity.

598. Tengwa nikulaŵire (nikuwone) nikuyolere mawumba
T: Let me see you marry someone else, I will gather crowds for

C: Para mwanakazi wakusacizga vyakumazga nthengwa na ulato wakutengwa kunyakhe ndiyo ŵakumuyowoyera mazgo agha.
M: Said to a woman who suggests a divorce intending to marry someone else for any serious reason.
S: Divorce, jealousy, threat.

599. Tikhale bweka, weya wamumphuno ukukhala wuli?
T: We should live (stay or sit) anywhere, how does the hair in nostrils stay?
C: Mumphuno kuti ni mwakuti mungamera weya cara kweni ulimo ndipo palije ico cikucitika cakofya. Sono nase tikhutiskikenge na ivyo tili navyo cifukwa ŵanyakhe ŵalije.
M: Hair in the nostril is regarded as misplaced but it cannot help it. We should, therefore, be content with what we have; we are at least better off than some.
S: Contentment.

600. Tikuŵeta nkhanga yikulu cara
T: You don't tame a fully-grown guinea fowl.
C: Nkhunonono kusintha nkhalo ya munthu uyo wacekula.
M: It is difficult to teach a mature person new things.
S: Uncompromising, difficulty.

601. Tikuyoyoka nga ni maluŵa
T: We fall off like flowers.
C: Umoyo wa munthu ukukhaliska cara ngwa kanyengo kacoko waka nga maluŵa.
M: Man's life is shortlived like that of a flower.
S: Limitedness, short-lived.

602. Tili kulimirana ku mphaka (Ŵanthu awo nkhu mphaka)
T: We have marked boundaries for each other. (People who share borders).
C: Ŵanthu awo ŵalikutinkhana ndiwo ŵakuyowoya nthewura para nyengo zinandi ndizo n'zakwambana. Awo ŵali kupakana

mphaka ndiwo ŵakwambana nyengo zinandi pa minda.

M: This is said of those who hate each other and spend much time quarreling. Those who have a common boundary in the maize field usually quarrel over the boundary line.

S: Enmity, discord.

603. Tili kupulika kale za imwe

T: We already heard about you.

C: Palije cinthu cipya panji makani ghapya agho mungatiphalira za umoyo winu.

M: There is nothing new you can tell us about yourself. We have full knowledge of your evil deeds.

S: Acquaintance, familiarity.

604. Timwenge taŵene-na-ŵene ŵanthu ŵa waka mbakavuluvulu

T: Let us drink among ourselves, other people are whirl-wind.

C: Pawene na wene mupweleranenge, kugomezga ŵawaka ŵa-kulivyanamo waka.

M: It is better to care for your kinsmen. Trusting unknown people will put you into trouble.

S: Kinship, trust.

605. Tingati waka cikaya nchinu/Nanga nyumba njinu ticimbizgeni

T: It may be assumed this is your home/Even if this is your house send us away.

C: Kufumba malonje na nchindi kwa mulendo.

M: A polite way of inviting someone into talking what one has come for. It is like saying "what brings you here?" but in a polite manner.

S: Welcome, greetings.

606. Tili ŵalanda

T: We are orphans.

C: Ŵanthu wose pa caro ŵakhala nga mbalanda usange vula yakalala, cifukwa cakulya cikusoŵa. Nyumba iyo yilije cakulya njilanda.

M: People in a country with drought are like orphans because of lack of food.
S: Destitution.

607. Titi ungamugololera cara pa masumbi ghakhe
T: A Titi bird is never too small for its eggs.
C: Munthu wakwenera kucindikika nga ni umo walili kwali ni m'coko kwali ni mulala, kwali ngwakusambira kwali ngwambura kusambira. Tingalaŵiskanga nkhope cara.
M: A person should be respected not for what he is, but for who he is.
S: Partiality, respect.

608. Tiwelerepo pa makani gha mayiro, Yosefe ŵakamutaya mu cizongwe
T: Let us get back to where we left off yesterday; Joseph was thrown in a pit.
C Kukhumba kwambiraso makani awo mwangulekezga pa nthowa.
M: Said when you left off a discussion, may be because of its beauty and you would like to continue from where you left.
S: Recapitulation, recapture.

609. Tokatoka nga nkhuku ya pa masumbi
T: Shifting like a brooding chicken.
C: Wambura kukhazikika/maghanoghano ghakudandaula.
M: Being unstable/impatient-worrisome thoughts.
S: Impatience.

610. Tulo ni nkhondo tukugoneka ŵaliri
T: Sleep is war, it puts mourners to sleep.
C: Mu umoyo tiŵe ŵakukhoma nga ni tulo uto tukugoneka ŵaliri, mwakuti tisange ivyo tikupenja.
M: We must be vigilant in life like sleep, which can put to sleep the mourners at vigils, if we are to succeed in life.
S: Courage, bravery.

611. Tulo nthumoza, cikulekana nchinkhonono
T: Sleep is the same, what differs is the snoring.
C: Nanga uli tikuyana waka kuti ndise ŵanthu, tikupambana makhaliro.
M: Although we are all human beings; we differ in our behaviour.
S: Diversity, differences.

612. Tulo twa kunda/walikulya nyama ya kunda
T: The sleep of a Kunda mouse.
C: Munthu uyo wakukhalira kusiwa apo wakhala wali nga ni kunda uyo wakukhalira kusiwa.
M: This is said of a peson who easily dozes off.
S: Drowsiness, sleepy.

613. Tutululu (cilucilu) ca sima ya ku ukweni
T: The surprise of sima from an (mother) in-law.
C: Munthu pakuya kucikaya camunyakhe wakwenera kulayizga. Para wiza waka wambura kulayizga ndipo ŵakuti "Tutululu ca sima ya ku ukweni; ukalekeraci kulayizga?" Cifukwa cakuti palije cirindizgo cakuti kuukweni kufumenge vyawanangwa. Cawanangwa ca mabuci.
M: When a person wants to visit others; he must notify them and not come unexpectedly like food from the in-laws.
S: Surprise, impromptu.

614. Tuyuni twa maŵanga tukulyera pamoza
T: Birds of spots eat together.
C: Ŵanthu awo ŵakuyana nkharo (vyakucitika, comene mbembe panji kwiba) ŵakwendera lumoza. Ndipo mazgu agha ghakuyowoyeka usange munthu uyo wakuwoneka ngati wali na nkhalo yiweme wakwendezgana na munthu wa nkhalo yiheni.
M: People with similar behaviour walk together. This is said especially when one who seems to be well behaved befriends an evil person.
S: Similarity, likeness, company.

615. Tuyuni twakumwera pa ciziŵa cimoza tukumanyana mahungwa
T: Birds that drink from the same well know each other's feathers.
C: Ŵanthu ŵa nkhalo yakuyana ŵakwendera pamoza.
M: People of the same taste know each other and move together.
S: Likeness, similarity, company.

616. Twakunowa ntha tukukana kuti nileke
T: Nice things do not say, "leave me."
C: Vinthu viweme nkhwakusuzga kuvileka, wa munthu umanyenge wekha pakulekezgera.
M: Pleasure's grip knows no release.
S: Self-control, discipline, restraint.

617. Twakulomba ungatuzengera nthamba yayi
T: You cannot build a granary for food you beg for.
C: Pakuyakalomba vyakulya ukumanya na unandi wa uto wamupoka cara. Nthewura ungadanga kunozga apo uzamuŵika cara. Nyengo zose twakulomba tulije mtupo, kuti tungazura mu nthamba cara.
M: When going out to beg you have no idea how much you will be given. For this reason; you cannot build a granary.
S: Preparedness, overestimation.

618. Twapamutu (Twakulomba) tulije mtupo
T: What you carry on the head will never be enough.
C: Twakuyegha kuti nkhalyere panthazi panyakhe ku nyumba yane, tukukaŵa kumara cara cifukwa nthucoko.
M: What you carry to be eaten when you reach home or on the way, does not last long because it is very little like the food you beg.
S: Saving, insufficiency.

619. Ubale pa maso
T: Brotherhood only when present.
C Para muli pamoza ubale uno, kweni patukane mwamba kwenderana mphiska kuti munjizgane mu suzgo panji nyifwa.

M: Pretending to be friendly and brotherly on the surface while underneath there is a lot of hatred and malice.
S: Pretence, selfishness, treachery.

620. Ubirenge mu lukhezo
T: You will drown in a laddle.
C: Kuyowoya utesi wambura soni.
M: Speaking an open lie.
S: Lying.

621. Ubulu/ujira nawo ni nyifwa
T: Ignorance too is death.
C: Usange wa munthu ndiwe mujira palije ico cingakwendera makora.
M: Ignorance brings life to a standstill.
S: Ignorance, failure.

622. Ubwezi nkhwenderana
T: Friendship is to visit one another.
C: Ubwezi ukukhola nakwenderana para mwaleka ubwezi ukumala.
M: Friendship is strengthened when you visit each other. Once visits stop friendship also ends there.
S: Friendship, reciprocity.

623. Ubwezi wa cimbwi na ncheŵe
T: The friendship of the hyaena and the dog.
C: Ubwezi wakukhalira kwambana, uwo ni ubwezipo yayi kweni ulwani.
M: The two animals are not friends because each time they meet they fight and kill each other.
S: Enmity, hatred.

624. Ubwezi wa Huŵa na Furu
T: The friendship of huŵa (lightning) and furu (tortoise).
C: Ubwezi ukunozgera kwenderana. Usange njumoza pera wakwendera munyakhe ubwezi ukununa cara nga ni umo huŵa likuwira pasi kweni kuti furu wangakwera kucanya cara.

M: A one-sided friendship where only one visits the other just like lightning which strikes the ground but the tortoise does not go to the sky.
S: Reciprocity, friendship.

625. Ubwezi wa mbavi (pakukwera mukhuni)
T: The friendship of an axe (when climbing a tree).
C: Usange munthu wakukhumba kuti wakateme muthavi mucanya mukhuni wakwenera kukwera nayo mbavi kweni para mulimo wamara, wakudangizga mbavi kuopa kuti yingamutema. Kunena za ŵanthu awo ŵakutemwa ŵanyawo cifukwa ca ivyo ŵali navyo kuti ŵaŵalyere ndipo paumaliro ŵakuŵataya waka.
M: When a person wants to cut a branch from a tree top he will usually climb with the axe but when the task has been done, he throws the axe down first for fear that he may have an accident. This saying refers to those who want to use others as ladders for achieving their goals and then dumping them afterwards.
S: Exploitation, ungratefulness.

626. Ubwezi wa nkhunda
T: The friendship between doves.
C: Ubwezi weneco ukusangika pakati pa ŵanthu awo ŵakukhalira pamoza.
M: True friendship between people who live together and who do all things together.
S: Intimacy, bonding.

627. Ubwezi wa nkhwali/nkhanga
T: The friendship of the patridge/guinea fowl.
C: Ubwezi wa wupusikizgi, kaŵirikaŵiri para wakhwaska ubwezi wapakati pa mwanakazi wakutengwa na mwanalume wakutola.
M: False friendship, oftentimes it concerns friendship between a married woman and a married man.
S: Falsehood, deception.

628. Ucenjezi nkhumenyako, wavuwa yose wanyala (waphakulula yose wajitaya)
T: It is wiser to give only a part, when you give all your food you are bereft.
C: Kupa ŵanyako sima yose nkhujitaya kweni limbako kuti uzakalye kumbere.
M: Thoughtless lavishness leads to shortage.
S: Lavishness, reckless.

629. Ucenjezi nkhulya nawo
T: It is cleverness to eat with them.
C: Para uli mucenjezi vinthu ivyo watenge ulyenge cara ukuvisanga.
M: If you are clever enough you will be able to find what you might otherwise have been unable to find.
S: Cleverness, slyness.

630. Uci ukunowa kweni njuci zikuluma
T: Honey is sweet, but the bees sting.
C: Palije cinthu cakunowa ico cikwiza cekha, nyengo yose pakuŵa masuzgo.
M: There is nothing that is sweet that comes without hard work and difficulties.
S: Hardwork, industriousness.

631. Ucindere thuli, libwe ŵakusambizga/ŵakunjilikizga
T: The idiocy of a pounding mortar, the use of a grinding stone is taught.
C: Libwe pakusirapo malezi panji ngoma ŵakudanga kusambizga (kunjilikizga) kweni thuli cara. Sono usange munthu nchindere wakusambizgika cara ndiyo ŵakumunena ntheura.
M: One has to be taught how to grind finger millet or maize on a grinding stone, but not to pound in a mortar.
S: Idiocy.

632. Ucindere wa ncheŵe (galu), yikumyanga ivyo yawukula
T: The stupidity of a dog, it licks its own vomit.

C: Kukana mulandu uwo wananga yekha munthu cifukwa nguheni kweni pa nyuma wakuzomeraso kuti ndiyo wananga.
M: Denying responsibility of any crime (or wrongdoing) then later on owning responsibility.
S: Retraction, regress.

633. Uciŵinda uyowoye wako
T: Tell of your own hunting expedition.
C: Nkhani tiyowoyenge zakukhwaska ise za ŵanyithu cara.
M: Mind your own business.
S: Consideration.

634. Ufumu ngwa ŵana, ufumu nimahalira
T: Chieftaincy is for children, chieftaincy is inheritable.
C: Ŵalala para ŵacekula ŵakuŵavya nkhongono ndipo ŵangacitaso cara milimo iyo ŵakacitanga nyengo zakale sono ŵana ŵacoko ndiwo ŵakucita milimo iyo.
M: When elders grow old they are weak and cannot work as much as they used to when they were youthful, then the younger generation starts to work in their stead.
S: Progeny, iheritance.

635. Ufumu nkhuwoko
T: Chieftainship is in the hand (your worth is in your own hand).
C: Kuzirwa kwa munthu kukuwoneka para wali na kanthu ndipo wakupako ŵanyakhe. Para walije ufumu panji kuzirwa kukumara.
M: You can only win fame and name by the works of your hands, and people will respect you when they see your worth in what you do. Generosity is at the bottom of a secure rule.
S: Generosity, benevolence.

636. Ufwiti ni mazgo
T: Witchcraft is words.
C: Usange tayambana m'mayowoyero tingatembanga cara cifukwa para vyacitika ŵakuti ndiwe fwiti.
M: When we have picked up a quarrel, it is not wise to curse be-

cause words are potentous, and people may conclude you are a witch.
S: Witchcraft, malediction.

637. Uheni ngwa ŵanyawo
T: Evil belongs to other people.
C: Para munthu ni muheni wangatamikanga uheni wa ŵanyakhe cara.
M: When a person is evil; he should not try to make a case of the evil of other people.
S: Evil, sarcasm.

638. Uheni ukulondezga mweneko
T: Evil follows its owner (the evil-doer).
C: Pakucitira uheni ŵanthu ŵanyako umanyenge kuti mbwezgera yikuŵaŵa. Palije uyo wakucita uheni wangacimbira. Zuŵa linyakhe mpaka ukoreke nakuzakalangika.
M: We cannot get away with evil deeds. We shall have to pay for them one day.
S: Retribution, justice.

638. Ujisankhire wekha, furu wakasankha baci
T: Choose for yourself, the tortoise chose a jacket.
C: Ico munthu wakukhumba ndico wakucita kuyana na mtima wake, nanga ciŵe ciheni ku maso gha ŵanyakhe kweni mweneco wakuti nchiweme.
M: What one decides to do he will do it according to his will, even if it is bad in the eyes of others.
S: Choice, freedom.

639. Ukali mbutaya moyo (Ŵakamphungu ŵakaŵawochera mu nyumba)
T: Fierceness (cruelty) is to throw life away (suicidal); (Kamphungu was burnt in the house).
C: Munthu wakalipenge kwa mahara; para wakukalipa bweka wakujitayamo.

M: The reference was to the third in line of the Cikulamayembe dynasty in Nkhamanga whose ferocious rule led to rebellion and the burning of his house. Now, it is a general warning that a person must be moderate in his fury for fear of attracting revenge.
S: Ferocity, moderation.

640. Ukata ng'ondo! /mphwayi sulululu!
T: Laziness in multitudes!
C: Thupi lalefuka na ulesi mwakuti palijeso cakucitapo.
M: Being very weak physically, to the extent of not being able to do anything at all.
S: Laziness, indifference.

641. Ukata ni soka usange ukukhumba kanthu kuyezga
T: Laziness is bad luck, if you want something you must try.
C: Ulesi ukutondeska munthu kusanga ivyo wakukhumba, nchiweme kuŵikapo mtima kuti usange ico ukukhumba.
M: Keep on trying until you achieve your heart's desire. Do not give up.
S: Idleness, sluggishness, hardwork, effort.

642. Ukata ukulyeskana mavi
T: Laziness makes one feed on faeces.
C: Munthu mukata wakulya na ivyo wangwenera kulya cara.
M: If you do not work hard you will not feed wholesomely.
S: Laziness, indolence.

643. Ukavu wa ŵafipa ŵazungu ŵali na phensulu
T: The poverty of the Blacks, Europeans have a pencil.
C: Ŵanthu ŵacifipa mbakavu comene kusoŵa na phensulu wuwo kuti panji nawo ŵangasangirako nchito na ndarama nga mbazungu awo ŵakusambazgira phensulu.
M: Africans are so poor that they cannot find a pencil to learn in school to enable them find employment and money as the Europeans do.
S: Poverty, wealth.

644. Ukupenja pakufwira
T: You are looking for an occasion to die.
C: Kupenjerezga vifukwa vyakwambiskira mbembe apo wamunthu ulije nkhongono.
M: Looking for a cause for a fight when one is physically weak.
S: Provocation, challenge.

645. Ukuvuna ico wamija
T: You reap what you sow.
C: Palije uyo wakulongora nkharo yiheni kuti wangasanga kaweme kuŵanyakhe cifukwa para munthu ngwakwiba wakupokera njombe kwakulingana na milimo yakhe.
M: There is no one who has shown bad behaviour who can receive something good in return because if a person is a thief he will receive the reward according to his deeds.
S: Retribution, reward.

646. Ukuzomera ngati walwara jino
T: You respond as if you have a toothache.
C: Kuzomera mwakudonda panji mwakukora kusingo mwakuti munthu wareke kupulikwika.
M: To agree half-heartedly.
S: Half-heartedness, doubt.

647. Ulanda ukwiza pa mulanda
T: Bereavement falls on those who are already bereaved.
C: Uyo ni mulanda, usange na ako wagomezganga nako kafwa mbwenu wali mu ulanda nyengo na nyengo.
M: It is frequently those persons who are already suffering who undergo further trials.
S: Misfortune, hardluck.

648. Ulendo nkhulyera, mankhoro ghali ku minda (ulendo ulalya, mankhoro ghali kuminda)
T: For a journey it is eating, self-sown maize (maize growing from previous a harvest) is in the garden.

C: Pambere munthu undayambe ulendo utali nchiwemi kulyerathu cifukwa panyakhe nyengo yakulyera yingasoŵa. Panyakeso ungang'anamula kuti ulye cilicose ico wacisanga pa ulendo.
M: It is common wisdom to eat before a long journey, because you never know what may befall you. Eat what you may for survival on a journey.
S: Resources, preparedness.

649. Uleŵi ungapangiranga mumumda umo ngoma zakula cara
T: Do not commit adultery in a field with high grown maize.
C: Leka kughanaghana kuti usange kwananga wapangira mumunda wa ngoma ndiko kuti wabisika. Uvumbukwenge.
M: Never think that because you committed an evil act in the maize field you will not be exposed.
S: Secrecy.

650. Uli kupusa nga ni thako likunya na vya kupempha (ucendere thako likunya na vyakupempha)
T: You are as silly as the anus which excretes even food received gratis.
C: Ivyo wapempha ngati vingamaranga luŵiro cara kweni para walya usange vikufuma. Sono munthu uyo nchindere wambura kulumba awo ŵamucitira viweme wali nga ni thako ilo likunya vyakupempha.
M: You do not value what you have been freely given.
S: Ungratefulness.

651. Ulimi ulije ngwazi, vura ndiyo yikuyowoya
T: Farming has no hero; it is the rain that speaks.
C: Ungati apo ine vyaka vyose nkhulonga ipo caka ici cikwiza nizamulongaso! Usange vura yakalala mbwenu watondeka.
M: One may boast that he normally harvests a lot from his field and think that the following year he would do the same, but he will be disappointed when there is no rain.
S: Disappointment, boasting.

652. Uloŵevu ngwa ŵanyawo
T: Drunkenness is for their friends.
C: Ŵanyakhe para ŵamwa phere (moŵa) ŵakunena ŵanyawo kuti ndiwo ŵaloŵera apo iwo ndiwo ŵaloŵera comene. Nchipusu kunena mnyako kuti ni muloŵevu kuluwa uloŵevu wako.
M: When some people are drunk; they think it their friends who are drunk. Thus, it is easy to point fingers at other people's drunknness and forget one's own.
S: Sardonic, sarcasm.

653. Ulyalya (ucenjezi) ukugota
T: Cleverness has its limits.
C: Nanga munthu wangaŵa mulyalya viŵi pakucita uheni nakughanaghana kuti wangakoreka cara mpaka ŵaŵeko ŵanyakhe awo ŵazakumusanganizga pa ulyalya wake ndipo wakuzakafikapo kuti ngwakucenjera ngati umo wakaghanaghaniranga cara.
M: Even if a person may be so cunning and sly in doing bad things and think that he will not be caught, there will always be others who will one day outwit him. He then realises that he is not as clever after all.
S: Arrogance, pride, trickery.

654. Ulyalya ntha ukukora mbeŵa, cikukora mbeŵa nchipingo
T: Cleverness does not catch mice, but the trap.
C: Kuteŵeta mulimo kuti kukucitika cifukwa cakuti munthu wakuwoneka wakucenjera cara kweni uyo wakumanya mulimo ula ndipo wakucita na mawoko ghakhe.
M: No amount of work can be accomplished by someone who only looks clever, but the one with the knowhow and does it himself.
S: Ability, effort, workmanship.

655. Umba ukunyenga
T: Multitudes are deceptive.
C: Pakukhozgera makani: Munthu yumoza wangamanya kulruska muvinjeru kujumpha umba.

M: It is not always that the majority is correct.
S: Opinion, leadership.

656. Umoyo ndiwo mbusambazi
T: Life is riches.
C: Nanga ukavuke kweni para uli na umoyo usambazi uti uwusange.
M: Even if a person may be poor as long as he is alive, riches may come along.
S: Life, satisfaction.

657. Umoyo nkhukhalirana, wekha nkhanyama
T: Life is to live together; on your own you are an animal.
C: Munthu yekha wakopeka cara, nanga nthulwani tucoko nato mupaka tumugolorere kweni para muli ŵaŵiri, ŵatatu panji ŵanayi mopekenge na kulimbikiskana.
M: When you are two or more you are safe; you can help one another. The one who wants to be alone is like an animal.
S: Togetherness, interdependence.

658. Umoyo n'kulya
T: Life is eating.
C: Munthu nanga wangaŵa mukavu kuti walije cuma kweni usange wakulya ni musambazi, ndipo ngwa moyo.
M: Even if a person is poor and has no material wealth, but if he is able to find food to eat he is rich and is alive.
S: Riches, welfare.

659. Umoyo udange suzgo mutende pa nyuma
T: Life should begin with suffering and then afterwards peace.
C: Kuti munthu wawongere na kuwona kunowa kwa umoyo wa mutende wadange wakumana na suzgo cifukwa pambura suzgo palije mutende.
M: For a person to appreciate and enjoy good life he must first of all suffer, for where there is no suffering one cannot appreciate

peace.
S: Appreciation, adversity.

660. Umoyo ukunyenga
T: Life deceives.
C: Usange wamunthu ucali wamoyo, ukudokera kucita vinandi na ivyo vingakutonda.
M: When alive, a person can plan to do things even beyond his means.
S: Illusion, ambition.

661. Umoyo wa munthu uli nga ni maluŵa
T: The life of man is like flowers.
C: Umoyo wa munthu ukusaŵa cara kufoka na kumara malinga nyengo yakwana nga ni maluŵa awo ghakufota para zuŵa laŵala.
M: Like flowers that easily wither and die in a hot sun so is the life of man.
S: Ephemeral, temporariness.

662. Una cikosera (ca kwa Makanaghamo) ca mwanalume wakakosera (NyaKumwenda) mwanakazi
T: You are as importunate (as Makanaghamo) as a man who importuned (NyaKumwenda) a woman.
C: Wambura kulimbikira ungasanga kanthu kaweme cara.
M: You will go far if you persist because a faint heart never wins a fair lady.
S: Persistence, success.

663. Una ukali wa nkhunguni (sikizi, nkhufu) zikuluma mwene nyumba
T: You have the fierceness of bugs that bite the owner of the house (host).
C: Ŵanthu ŵanyakhe ŵakutinkhana na kwambana na munthu uyo wakuwovwira. Ukali wa nthewura ngwambura mahara.
M: Some people hate and quarrel with those who support them.

       Such fierceness is unreasonable. Sometimes this is said in report of an inferior who has behaved unbecomingly to a senior.
S: Ungratefulness, irritation.

664. Una vilele vya mwanakazi (vya kwa NyaKathumbasete) wakapula ngoma yimoza yikazula thuli
T: You have the impudence of a woman (NyaKathumbasete) who pounded one ear of maize and it filled a mortar.
C: Kulongora ucenjezi pa ŵanthu kuti kukukondweska wose yayi ŵanyakhe ŵatenge ulije mahara.
M: Showing that you are smart at a gathering does not please everyone, some will think you are stupid.
S: Familiarity, impudence.

665. Unandi nguweme, nguheni pa kumala dende
T: To be in large numbers is nice, only that it makes sauce finish quickly.
C   Nchito kuti yimale luŵiro yikukhumba unandi kwene pakulya usange nakalinga dende lamala.
M: When doing work you need many hands to finish in time but when it comes to food, it finishes quickly.
S: Struggle, inequality, insufficiency.

666. Unandi ngwa njuci kweni iyo yaluma njimoza
T: Many are the bees, but only one has stung you.
C: Pa milandu makani ghangayowoyeka ghanandi kwene mu mazgo ghose fundo yakuzirwa njimoza.
M: During a court hearing much may be said, but in all that there might be only one important fact.
S: Evidence, precision, concentration.

667. Ungajisunga ku moto kweni mubwezi muheni ntha ungamugwentha
T: You may keep yourself from fire, but not from an evil companion.
C: Kanandi munthu wakumanya kopa moto kuti ungamuwocha,

kweni munthu mwene yula wazamusangika kuti wakukorana ubwezi na munthu wankharo yiheni wambura kughanaghanira kuti munthu muheni wali nga ni moto uwo ukocha.
M: Many times a person may fear fire that it burns; yet you may find the same person making friends with bad companions who can easily hurt him as well.
S: Companionship, caution.

668. Ungakalipanga kuti ncheŵe yatumbala, ndiwe muzamba wake cara
T: Why get annoyed at a dog's pregnancy, you are not its midwife.
C: Ungatangwanikanga na makani ghaŵene cara cifukwa gha-kukukhwaska cara.
M: Do not concern yourself in things that do not concern you.
S: Avoidance, dissociation.

669. Ungalizganga ng'oma cara para wacita viweme
T: Do not beat a drum when you have done good things.
C: Para vikukwendera ungajicemereranga/kujilongorera cara.
M: Do not make a show of your goodness. Do not wear a high hat about your achievement.
S: Braging, publicity, arrogance.

670. Unganyozanga furu; ndiyo wali na maji
T: Do not despise the tortoise, he is the one who has the water.
C: Tinganyozanga waliyose cara cifukwa viweme vingasangika na walyose, nanga ni munthu uyo ngwakunyozeka.
M: Do not despise people because of their appearance, good can come from anyone, even from one who is greatly despised.
S: Respect, prejudice.

671. Ungaphakazganga ŵanyako ulambwe
T: Do not smear your friends with dung.
C: Ungamupusikizgiranga mnyako cara.
M: Do not dump your own mistakes on someone else.
S: Lying, implication.

672. Ungatijura m'nthumbo taŵanyako!
T: Come on you may open our bowels!
C: Ungatisuzganga taŵanyako/kusekeska.
M: Do not pester us/cracking jokes.
S: Nuisance, irritation.

673. Unthu ngwawo
T: It is only them who are real people.
C: Ŵanthu ŵanyakhe ŵakukhumba kuti ŵanyawo nawo ŵawoneke ngati mbakuzirwa cara kweni iwo pera.
M: Some people do not want others to look important, they only think of their own importance.
S: Sardonic, scoffing, self-importance.

674. Unthu ukwamba pakaya yako
T: Charity begins at home.
C: Munthu wakusambira nkharo pakaya yakhe nanga warute ku caro cinyakhe wamucita vila wakasambira pakaya yakhe. Ipo cikwenera kuti munthu wasambire nkharo yiwemi pa kaya yakhe.
M: A person develops good manners at home and when he goes elsewhere; he will do the same things he learned at home. This is the reason why it is better to learn good manners at home.
S: Brahaviour, manners, etiquette.

675. Upusike zuma; mpharata ntha ungayipusika
T: Trick the small flying termite (zuma) but not the larger (mpharata).
C: Munthu wakucenjera panji wamahara ungamupusika cara kweni uyo nchindere na wambura mahara.
M: You cannot trick a clever or a wise person but a simple and foolish person can easily be tricked.
S: Trickery, tomfoolery.

676. Ulala ukukhumbikwa
T: Mature age is desired.
C: Ŵana ŵacoko ŵakudokera ulala, apo ŵalala ŵakudokera

wanice. Sono ŵalala para ŵakuwona ŵana ŵakuyezga ŵalala ŵakuti ulala ukukhumbikwa.
M: The young desire to be adults, but the grown ups want to be young.
S: Age, desire.

677. Usambazi ukupambana
T: Riches differ from person to person.
C: Ŵanthu wose kuti ŵangayana cara masambazgiro, mpaka waŵepo yumoza wakuluska ŵanyakhe.
M: It is not possible for all people to prosper in the same way and extent. There will be one who will excel.
S: Differences, diversity.

678. Usange cimbwe wakhuta wakulirira penepapo yayi.
T: When the hyena has had his fill, he does not howl on the same spot.
C: Para munthu wasanga mwaŵi, ungathumbwiranga ŵanthu awo ŵakovwira cara.
M: Do not look down upon those who have brought you up.
S: Respect, gratitude.

679. Usange cimbwe wasola ciwangwa wakulyera penepapo cara
T: When a hyena picks up a bone, he will not eat it right there.
C: Nchiweme cara kuphalira waliyose za mwaŵi uwo wasanga.
M: We better be quite about our luck and achievements.
S: Humility, self-control.

680. Usange khuni liŵisi likubuka nthewura uko kuli lakomila kuŵenge uli?
T: If a green tree burns that well, what with the dry one?
C: Usange munthu mulunji ndiyo wawa mwa nthewura, ka uyo ni nkharo yake kuŵenge uli?
M: If a saint can sin it means the sinner is worse off.
S: Expectation, inevitability.

681. Usange mbuzi yalaŵa mucere ntha yikuleka
T: Once a goat has tasted salt, it does not stop eating it.
C: Mbuzi ni nkhalye, para yalaŵa kanthu kawemi yikulekezga cara. Nkhwakusuzga kulekezga macitiro ghaheni.
M: Once some habits develop, it is difficult to stop them.
S: Self-control, restraint.

682. Usange munthu ni cumba; wakugona luŵiro
T: If a person is impotent; he/she sleeps earlier.
C: Wakugona luŵiro mwakuti waleke kusuzgika na mulimo wanthengwa.
M: He goes to sleep earlier so that he is not bothered about conjugal duties.
S: Impotence, negligence.

683. Usange munthu wakuti kulije uyo ni muneneska, iye mwene ngwambura kugomezgeka
T: When a person says there are no honest people, he is himself dishonest.
C: Munthu uyo ni kamberembere nyengo yose wakughanaghana kuti waliyose ni kamberembere nga ndiyo pacifukwa ici wakucita vinthu vyakabisira pera ndipo wakugomezga waliyose cara kuwopa kuti wangamunyenga.
M: A dishonest person is always distrustful of others because of his own dishonesty and thinks others will cheat on him.
S: Dishonesty, deceit.

684. Usange mnyako waphya mwembe umuzimwizge
T: When your friend's beard catches fire, extinguish it for him.
C: Usange mnyako wasangana na masuzgo muwovwire cifukwa zuŵa linyakhe wazamukovwira naweso para wasangika na suzgo.
M: Help your friend when he is in trouble because tomorrow he will do the same to you when you are in trouble.
S: Assistance, help, reciprocity.

685. Usange m'nyumba mbembe yikumara cara mubuske moto kucipinda uko kwagona mwana

T: When a quarrel in a family does not stop, set fire to the sleeping room of a child.

C: Cikuŵapo cimoza ico cikuŵagumanya ŵanthu pamoza. Ndipo usange cinthu cakuŵagumanya ndico mwayamba kuswa mbembe pakati pa ŵaŵiri ŵala yikumara ndipo wose ŵakwamba kupwererera nyumba yawo. Usange kucipinda uko kwagona mwana wa ŵapapi awo ŵayambana caphya ŵapapi ŵakuluwa mbembe ndipo wose ŵakwamba kovwirana kuzimwa moto.

M: There is usually one thing that brings members of a family together if they quarrel, and if that thing is in danger they stop fighting and begin to attack the common enemy.

S: Cooperation, value.

6

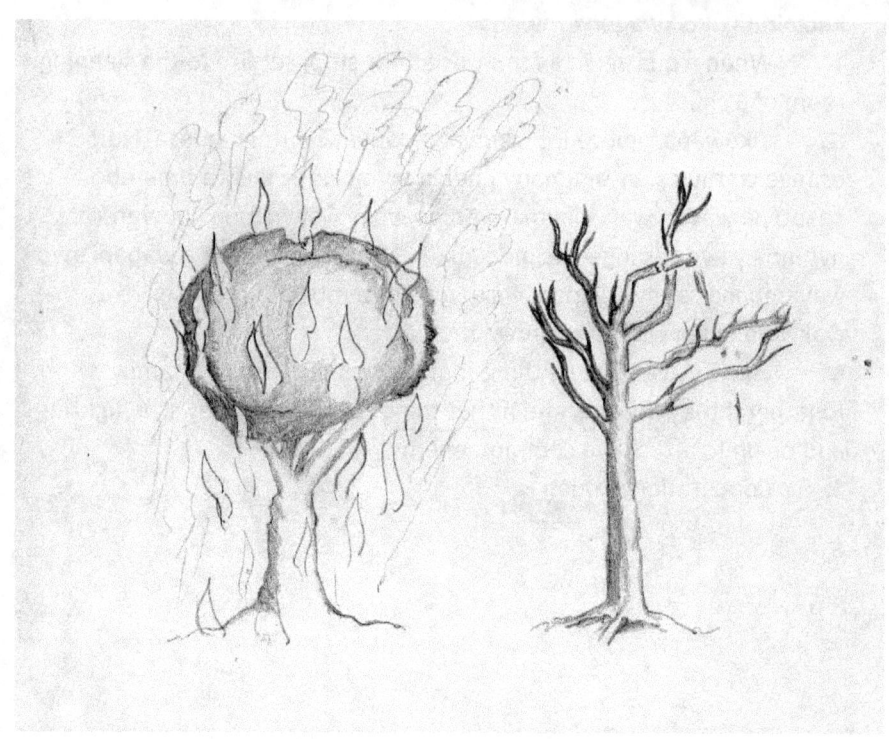

680: Usange khuni liŵisi likubuka nthewura uko kuli lakomila kuŵenge uli?
If a green tree burns that well, what with the dry one?

86. Usange mwana wali tuwulu wandalware
T: When a child is dirty, he/she is not sick.
C: Usange mwana wali makora waka wakutemwa kuseŵera kweni para walwara wakuzika.
M: A child who is normal is known by his/her playfulness, when it is quite something is wrong.
S: Health, sickness, playfulness.

687. Usange mwana wananga wakukhala cete
T: When a child has done some mischief; he keeps quiet.
C: Mwana wakumanyikwa cifukwa ca kaseŵerero kakhe. Usange wakhala cete wambura kusangwa ndiko kuti wabuda/wananga

kanthu kanyakhe.
M: A child is known for his playfulness, but when he keeps quiet it shows that he has done some mischief.
S: Mischief, playfulness, liveliness.

688. Usange nkharamu yacongorwa (jongorwa) yikulya utheka
T: When the lion is hungry, it will eat even grass.
C: Usange munthu uli na njala ukulya waka cakulya ico caperekeka mpaka ukhute kwambura kusankha.
M: When you are so hungry you have no choice of the food you want to eat.
S: Contentment, adaptation.

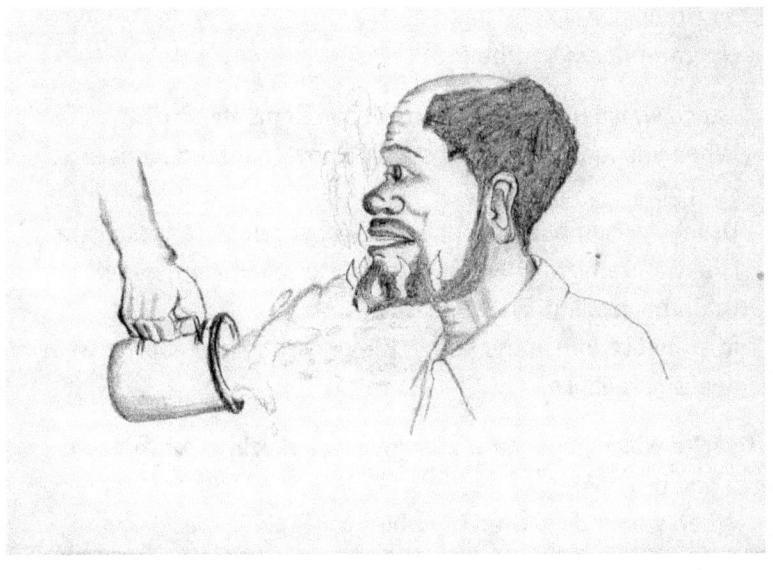

684. Usange munyako waphya mwembe umuzimwizge
When your friend's beard catches fire, extinguish it for him

689. Usange ulije kamunwe ungatinkhananga na kulongora kamunwe

T: If you have no finger, do not hate pointing.
C: Usange ŵanyithu ŵasanga mwaŵi ndipo ise tilije tingaŵajaliranga cara cifukwa cakuti ise tilije mwaŵi wa nthewura.
M: Do not hate others because of their talents.
S: Jealous.

91. Usange wanyera pa caka ca jembe namacero uzamucikora uli?
T: If you excrete on the handle of the hoe, how will you handle it tomorrow?
C: Usange watondeka kuwonga kuŵanthu awo ŵakovwira namacero ŵangakovwiraso cara cifukwa ca msinjiro.
M: An ungrateful person may not be helped again when in need of assistance.
S: Ungratefulness, gratitude.

692. Usange walya umanyenge kuti ŵazungu mbalendo
T: When you have eaten you should know that Europeans are strangers.
C: Usange wasambazga pa nchito unganyozanga ŵanyako cara cifukwa uzamuŵakhumba para nchito yakumalira, ndipo uzamumanya kuti ŵazungu mbalendo.
M: In affluence, nurse the home, the only source of your prosperity.
S: Realism, reliance.

693. Usange wasanga ŵana ŵanangwa ŵakukazinga maso nawe kazinga nawo
T: When you find children of nobles frying their eyes, fry with them.
C: Nkhuweme kucita nga umo ŵenekaya ŵakucitira mwakuti muŵe pamoza.
M: It is better to learn the ways of the locals for conformity's sake.
S: Conformity.

694. Uyambirengepothu ungalindizga waka maji kuti ghafike m'makongono

T: Start off early do not wait until the water reaches the knees.
C: Nkhuweme ku uskirapothu suzgo pambere lindakule kuluska kulindizga.
M: Get started on something worthwhile before it is too late.
S: Promptness, procrastination.

695. Uyo wakoreka na pamoyo ndiyo wakujula ku mulyango (kulwiji)
T: He who suffers from stomachache is the one who opens the door.
C: Uyo vyamuŵaŵa ndiyo wakwamba makani kuti makani ghamale.
M: He who is hurt takes the initiative to mend the wrong done to him.
S: Self-help, initiative.

696. Uyo wakujima mbuna wakuwamo yekha (kujijimira mbuna)
T: He who digs a pit will fall in it (Digging a pit for oneself).
C: Munthu uyo nyengo zose wakupenjerezga vifukwa kuti ŵanyakhe ŵasangike musuzgo iyo mwene wakuwa m'masuzgo.
M: A person who always devises evil for his neighbours may become a victim of his own machinations.
S: Boomerang, entanglement.

697. Uyo wakukoma nkharamu yambura kuwoneka wakopa mbeŵa yili yose iyo wayiwona
T: He who kills a lion which has not yet been seen fears every rat that he has seen.
C: Ŵanthu ŵanyakhe ŵakutemwa kujitukumula kuti ŵangacita mulimo ukulu apo kamulimo kacoko kakuŵatonda kucita.
M: Some people like to boast about being ble to tackle challenging tasks when they are incapable of even handling a small responsibility.
S: Timidity, cowardice.

698. Uyo wakukusina khutu ni mwanasi wako
T: The one who pinches your ear is your neighbour.

C: Munthu uyo wakukucenjezga ndiyo ni mnyako wacitemwa.
M: The person who offers free advice with the intention of protecting you from harm is a true neighbour.
S: Advice, caution, friendship.

699. Uyo wakulaŵiska zuŵa pakwenda wasoŵenge
T: He that looks at the sun when walking will get lost.
C: Kukaŵa munthu uyo pakwenda wakalaŵiskanga zuŵa wambura kufumba kuŵanyakhe. Paumaliro wakasoŵa cifukwa zuŵa kuti likalutanga uko iye wakayanga cara. Ntharika iyi yikuyowoya za uyo wakughanaghana kuti wakumanya vyose cifukwa para vyasuzga wakusoŵa kwakufumba.
M: There was once a man who looked at the sun as he travelled and did not bother to ask for the way. At the end of the day he got lost because the sun did not go in the same direction. This proverb means that it is not good to show off because you will look foolish at the end when things go wrong.
S: Obstinacy.

700. Uyo wakumija na masozi wazam'mwemwetera pa kuvironga
T: He who sows in tears will rejoice at harvest.
C: Munthu kuti wasange viweme cakudankha wadange wasuzgika cifukwa kwambura kusuzgika kukondwa kulije.
M: For a man to enjoy the fruit of labour he must first toil in pain.
S: Reward, hardwork.

701. Uyo wali na ŵabwezi ŵanandi waliso na ŵarwani ŵanandi
T: The one who has many friends has many enemies too.
C: Ŵalala ŵakuyowoya kuti nkhunonono kuti munthu wamoyo waŵe wambura ŵalwani ndipo uyo wakuseka comene na ŵanthu waliso nawo ŵanthu ŵanandi awo ŵakumutinkha cifukwa cakuseka kwakhe.
M: Elders say that it is difficult that a living person should have no enemies and anyone who befriends a lot of people will have more enemies because of his friendliness.
S: Enmity, friendship.

702. Uyo walije cakulya wangaŵetangancheŵe cara
T: He who has no food should not keep dogs.
C: Ncheŵe nyengo yose yikukhumba kuyiponyera vyakulya usange munthu wakukhumba kuti yileke kuyinga kwene para cara yamusolerezga vyakulya. Kung'anamula awo ŵakukhumba kuŵa na ŵana ŵanandi kweni kuti ŵakukhumba kuŵapwererera cara sono ŵana ŵara ŵakwamba kupenjerezga vyakulya munthowa zambura kwenerera nga nkhwiba na uhule.
M: A dog must always be fed if it is to stay at home or it will fend for itself where it can. In the same way, a family that has many children, but does not care for them, will make them go in search of a better livelihood somewhere to the extent of indulging in thievery and prostitution.
S: Responsibility, provision, care.

703. Uyo walije suzgo wacali mumphara/wandatole
T: The one who has no problems is still in the bachelor's house.
C: Kaŵirikaŵiri usange munthu wandatole wakuŵavya masuzgo ghanandi cifukwa wakukhala yekha mumphara kwene para watola mbwenu ciwawa cayambako.
M: In most cases when a person has not yet married, he does not have many problems because he lives alone, but when he marries, then wrangles begin.
S: Wrangles, disagreements, singleness.

704. Uyo walima ndiyo wakuvuna
T: The one who has cultivated is the one who harvests.
C: Kusanga kanthu nkhukapenja panji kukasuzgikira ndipo ukukasanga.
M: To find something worthwhile one needs to sweat for it.
S: Resourcefulness, hardwork.

705. Uyo wamalira kuseka ndipo ŵakupyolerapo nthonga
T: The one who laughs last usually receives the beating.
C: Kucedwa panji kumalira pakucita vinthu nyengo zinyakhe kungatinjizga mumasuzgo.

M: Do what you have to do now, before a difficult situation beats you to it.
S: Delay, sluggishness.

706. Uyo wamija mphepo wakuvuna kavuluvulu
T: He who has planted the wind will reap the whirlwind.
C: Usange wanya boza nanga lingaŵa licoko likuzakazgoka mulandu ukulu.
M: If you tell a small lie it may turn into a big issue.
S: Repercussions.

707. Uyo wamira njere ya mbura wajigomezge apo yam'fumira
T: He who swallows the seed of *mbura* fruit should trust the opening through which it will come out.
C: Munthu uyo wakulimbana na mulimo unonono wajigomezge.
M: He who undertakes a difficult task must trust that he will successfully finish it.
S: Courage, determination.

708. Uyo wataya makantha kuti wakuluwa cara; kweni uyo walya nchunga
T: The one who throws away bean-pods never forgets; but the one who eats the beans does forget.
C: Munthu uyo wacitikira musinjiro kuti wakuluwa cara kwene uyo wacita musinjiro ndiyo wakuluwa.
M: The oppressed person seldom forgets the oppression but the oppressor.
S: Exploitation, oppression.

709. Uyu ni munthu/Mwanakazi wali kukhoma
T: That one is a person/That lady is tough.
C: Mwanalume/mwanakazi wa nkharo yiwemi na wakulimbikira pa nchito ndiyo ŵalala ŵakuti ni munthu/mwanakazi wakukhoma.
M: A man/woman with particularly good behaviuor and hard working is said to be a person/a tough woman.
S: Ability, acuteness, hardwork.

710. Uzeleza ulije mankhwala
- T: Foolishness has no remedy.
- C: Mzeleza nanga mungamutimba uzeleza wakhe ukumala cara.
- M: Even if you beat a fool, his folly will not end.
- S: Foolishness, stupidity.

711. Vikilira mulwani wako; wanjala wangakutuka
- T: Protect your enemy; the hungry person can curse or abuse you.
- C: Ucenjere pakovwira munthu wa njala. Nyengo zinyakhe.

717: Vinjeru vikwiza na ucekulu
Wisdom comes in old age.

nkhuweme kovwira uyo wakukutinkha; munthu uyo wasoŵerwa comene uyo ukuti umovwire wangazakakuukira kumbere.
- M: Becareful in helping hungry persons. Sometimes it is better to help your enemy instead, for a very needy person whom you assist may possibly turn against you afterwards.
- S: Precaution.

712. Vikunowera mucere na nthendero
T: It tastes good with salt and groundnut seasoning.
C: Nkhani zikunozgera kusazgirako. Pa ivyo tikucita nyengo yose mwaŵi ulipo kutozgerako.
M: Story-telling is more interesting by adding a little bit of exaggeration. There is always room for improvement in our activities.
S: Exaggeration, embellishment, improvement.

713. Vili kwiza na Ŵazungu ivi!
T: These things have come with the Europeans!
C: Pali vinthu vinandi ivyo ni vyacilendo mazuŵa ghano sono para munyakhe waciwona cinthu cacilendo ndipo camutonda panji wananga ndipo ŵakuti: "vili kwiza na Ŵazungu ivi".
M: There are so many strange things these days and when an individual has seen a strange thing and has failed to operate it or has broken it that is when it is said: "These things have come with the Europeans (White men)."
S: Failure, surprise.

714. Vili mu moyom'moyo, cakuvunda ndico mulye?
T: They (things) are in different stomachs, would you eat something rotten?
C: Nanga ŵangati ŵanthu mbakupambanapambana kweni nkharo yiheni njiheni ndipo cakulya ciheni nchiheni.
M: There is no accounting for taste.
S: Choice, rejection.

715. Vindere ni matanda gha ŵavinjeru
T: Fools are the wise men's ladders.
C: Ŵanthu ŵavinjeru ŵakukuzgika pakusambizga vindere ivyo vikutondeka kusambizgika.
M: Wise men rise to fame as they teach fools who cannot be taught.
S: Foolishness, wisdom.

716. Vinjeru tikusambirira pa mphala
T: Wisdom is learnt from a common visiting court.
C: Kale ŵana ŵasepuka ŵakasambiranga vinjeru na milimo yamawoko apo ŵakacezganga pa mphala pamoza na ŵalala.
M: In the past, the youth used to learn wisdom, work and other skills while chatting with elders at the common open court.
S: Instruction, learning, education.

717. Vinjeru vikwiza na ucekulu
T: Wisdom comes in old age.
C: Munthu uyo wakumana na vinthu vinandi wakukulaso mu-vinjeru.
M: Long experience breeds wisdom which is achieved with age.
S: Experience, wisdom.

718. Vinthu viweme vikwiza zuŵa limoza cara
T: Good things do not come in a day ("Rome was not built in a day").
C: Usange tikukhumba kusanga vinthu viweme tizikirenge cifukwa vikwiza pacokopacoko.
M: Perseverance and patience will give their reward in due course.
S: Perseverance, patience.

719. Vinthu vya Ŵazungu vikukozgana
T: European things look alike.
C: Unganena kuti cilicose ico cikukozgana na cako ico cili kukusoŵa mbwenu nchako yayi vinthu vinandi vikukozgana vingacitika kuti mukagula kumoza.
M: Never claim something to be yours just because it is similar to the one you lost. Many things are similar; you might have bought yours from the same shop.
S: Similarity, likeness.

720. Vitekete nkhanthu kuluska kugona pasi
T: A ragged mat is better than sleeping on a bare floor.
C: Kugona pa mphasa za vitekete nkhuweme kuluska kugona pasi

pawaka. Uyo wali nako kacoko wali makora kuluska uyo walijerethu.
M: Sleeping on a mat that is almost finished is far better than sleeping on a bare floor.
S: Contentment.

721. Viwemi vikukhaliska yayi
T: Good things do not last long.
C: Ntharika iyi yikuyowoyeka comene usange ŵanthu ŵafwasa kucezga nkhani yakunozga panji gule wakunozga sono para kufwasa kwamara ŵakuti viweme vikukhaliska cara.
M: This proverb is spoken especially at the end of a pleasant moment or conversation.
S: Ephemeral, transitory.

722. Vura danga, ŵaleza ntha ni vula
T: Let rains come first, lightning is not rain.
C: Ŵaleza ŵakucimbizga vula. Para ndiwo ŵadanga kuphwamuka
M: Lightning chases rains. On a cloudy day when lightning flashes out first elders say there will be no rain.
S: Rainfall, failure, deception.

723. Vula para yakuwona likho ntha yikukata
T: When the rain sees you with dirt it does not stop pouring.
C: Nyengo zinyakhe para masuzgo ghakufikira ghakuleka luŵiro cara.
M: Sometimes misfortunes come persistently.
S: Misfortune, hardluck.

724. Vya m'nthumbo ni vinandi vyambura kumwera mwavi
T: Things in the belly are many, one need not drink the poison ordeal for them.
C: Maghanoghano ghane mungaghamanya ghose cara wambura kuwombezga (kugwiriska nchito mwavi uwo ungavumbura).
M: There are many things which only mwavi (poison ordeal) would

bring to light because you cannot know all my thoughts.
S: Uncertainity, mystery.

725. Vyakunowa viza mwakuchedwa, tacekula
T: Sweet things have come too late, after I have grown old.
C: Mazgu ghakuyowoyeka usange munthu wasanga mwaŵi wakuculuska apo waghanaghanangako cara.
M: Said of luck when it appears at the time one least expects it.
S: Perseverance, luck, prosperity.

726. Vyakulya vikuzomera wambura ŵana
T: Food favours those who have no children.
C: Nyengo zinyakhe munthu wakusanga cinthu cakuti iye walije naco nchito kwene munthu munyakhe cene cila wakugonera tulo cara.
T: Sometimes wealth favours people who cannot really make proper use of it while there are some who are in dire need of the same.
S: Luck, fortune.

727. Vyaro mwendenge vyose
T: Travel in all the lands.
C: Para munthu wenda ndipo ukuwona vinandi na ivyo kukwinu kulije.
M: When you travel you are able to see many strange things including those not found in your homeland.
S: Experience, education, discovery.

728. Vyatowera mbuzi kugwaza ncheŵe
T: It is okay for a goat to gore a dog.
C: Ŵanthu ŵanyakhe cifukwa ca cuma, udindo panji maonekero ghawo kanandi ŵakulangika ngati mbanthu ŵanyakhe yayi para nawo ŵapalamula.
M: Because of their beauty, riches or status, some people do not get the punishment they deserve while others who are different

from them are always punished.
S: Injustice, bias.

729. Vyaŵanyawo vikunowa dokotera
T: Their friends' things are a savoury dish.
C: Ŵanthu ŵanyakhe ŵakukhumba kulya vya ŵanyawo pera vyawo cara.
M: Some people prefer eating food cooked by other people than their own. Things look brighter and more pleasant on the other side.
S: Impression.

730. Vyawo nvyakuzirwa kweni vya ŵanyawo
T: Theirs possessions are very valuable, but not those of others.
C: Ŵanthu ŵanyakhe ŵakuzirwiska comene vinthu vyawo ndipo ŵakupwererera makora comene kweni vyaŵanyawo ŵakwanangira dala.
M: Some people value and care for their possessions more than those of others.
S: Selfishness.

731. Vyawo vili mu ukweru; vya ŵanyawo vili mu mwikho
T: His own things are too high while those of his friends are low.
C: Kunena munthu mwimi (wacigolo).
M: Said of a stingy person.
S: Stingness, greed.

732. Wa (ma) ŵalyera vimpheta vya ŵa Nkhonjera
T: A traitor to the salt following in the footsteps (the gate) of the Nkhonjeras (a clan accused of robbery and murder).
C: Kunena munthu wambura kugomezgeka, mutesi.
M: A false, untrustworthy man.
S: Traitor, untrustworthy.

733. Ŵabale ŵakufwasa nayo yayi
T: Relatives are not at ease with me
C: Munthu para wakhala paweme ŵanyake ŵakufwasa cara ico

	ŵakukhumba nchakuti nawe usuzgike.
M:	Not all are happy to see someone living in affluence, they only rejoice in the suffering of others.
S:	Jealousy.

734. Wabira pa cande msana/muwongo ukuwoneka
T:	You have submerged in a laddle, but the back is still in view.
C:	Munthu uyo wali na mulandu nyengo zinyakhe wangaghanaghana kuti wabisama kasi yayi ŵanthu ŵamanya kale.
M:	The person who has committed some crime may sometimes think that he may not be found out, when in fact he will be found out because people have already known the truth.
S:	Pretence, falsity.

735. Ŵaburu ni wose cara awo ŵakwendera malundi ghanayi
T:	Not all asses go on four feet/All asses do not go on four feet.
C:	Nanga ni awo ŵalije vinjeru ŵangatisambizga mahara.
M:	Even idiots can teach wisdom to the wise.
S:	Ignorance, instruction.

736. Waca waka ca ngoma yili mukantha
T:	You are rejoicing to no purpose like maize in its husks.
C:	Lindizga mpaka ngoma yice ndipo usekererenge, ungasekereranga waka kuti usangenge mwaŵi cara mpaka upokere.
M:	Do not be overjoyous over minor achievements.
S:	Illusion, complacency.

737. Wacenjera pa kugona, ine nicenjere pakuuka
T:	You have been clever when going to sleep; I will be clever when getting up.
C:	Usange munyako wakucenjerera pakwamba iwe wumucenjerere pamanyuma.
M:	When one has been quick in doing something the other will respond by saying that he will be the next to do it quickly.
S:	Cheating, exploitation, revenge, preparedness.

738. Wacuma ntha wakwimba nthungulu/kalulu/kaluvi
T: A rich person does not ululate/whistle.
C: Usange munthu wasambazga kucita kujicemerera cara cifukwa usange wakavuka soni zizamukukora.
M: Do not blow a trumpet when you grow rich so that when you grow poor you may not be ashamed.
S: Arrogance, discretion, showy.

739. Ŵadandaula pawaka, vilopolo vyaluta (na ŵa Zoloka)
T: They have complained in vain; the cure has gone (with Mr. Zoloka).
C: Ntharika iyi yikuyowoyeka para munthu uyo wakupenja wovwiri pa suzgo yakhe wasanga wovwiri ula palije.
M: Coming to seek help when it is already too late.
S: Misfortune, hardluck.

740. Wadekha ndiwe, ŵanyako wose ŵamanya
T: It is you who have been in fancied security, your neighbours know everything.
C: Iwe makani ngako ukumanya luŵiro cara, kwene ŵanthu ŵawaka ndiwo ŵakudanga kumanya.
M: The person most concerned is often the last to know.
S: Conspiracy, ignorance.

741. Wadekheramo ca mikusa ya kwina
T: He is caught off-guard like ropes of a kwina tree.
C: Mikusa ya kwina yikukhala pa maji pera apo ŵanthu ŵakwiza na kuyizuulapo.
M: A person who does not know what others have plotted against him.
S: Conspiracy, ignorance.

742. Ŵaheni ŵakukosera vyokoro
T: Evil men always go for widows.
C: Ŵanthu ŵanyakhe para wose ŵacali ŵamoyo pa ubale wawo kuti ŵakwenderana cara, kweni para yumoza wafwa ndipo

ŵakujilongora kuti ŵatole cokolo.
M: Some relations do not visit each other while they are all alive, but when one dies leaving behind a wife that is when they will show themselves. They are after inheriting the widow.
S: Kinship, evil.

743. Wajitumbika pakuska, ku mphala ŵakudapira
T: You boast of grinding (but) at the court they disclaim having eaten.
C: Ŵanakazi ŵanyakhe ŵakujitumbika pakuska malezi panji ngoma kweni sima ŵakulya ŵekha, ku mphala ŵanalume ŵangayiwona cara.
M: Some women prize themselves when they are grinding millet or maize but when the sima (thick porridge) is prepared, they eat it on their own without sharing with men at the mphala (court).
S: Stinginess, hardheartedness.

744. Wakagula nguwo yamwana wambura kuwako
T: She bought a carrying cloth even before the child was born.
C: Kucita vinthu mwaphyumphyu pambere nyengo yindakwane.
M: Doing things impatiently; better take your time to succeed.
S: Impatience.

745. Wakajilizgira yekha ng'oma
T: He beat the drum for himself.
C: Munthu wakujimemezera yekha kuti wamanyikwe.
M: A person who higly praised himself.
S: Pralse, self-evaluation.

746. Wakanda mathope ndiko kuti wamwa
T: You step in the muddy water you have drunk.
C: Munthu ungadapiranga cara kuti undalyeko kanthu usange wangulaŵako pacoko cakulya cifukwa para wakanda waka pacoko mathope gharongorenge.
M: One should never say one has not eaten anything if one has tasted just a small bit of the food because if you are in muddy

water it will show.
S: Insufficiency, acknowledgment.

747. Wakanikakira njoka mumahamba kuti yinilume
T: He wrapped up a snake in the leaves to bite me.
C: Kuyowoya za munthu muheni uyo wakucitira munyakhe nkhaza mwakabisira.
M: Said of an evil person who pretends to be a friend while devising his evil intentions.
S: Betrayal, plot, treachery.

748. Wakhwengwena pa cimeto/pa libwe
T: You have wiped yourself on a razor/using a razor blade or a stone for cleaning as tissue after excreting.
C: Munthu mukali wali ngati nchimeto panji libwe. Usange wamunangira wa nthewura ŵakuti wakhwengwena pa cimeto panji libwe cifukwa walije cigowokero.
M: A cruel person is like a razor blade or stone. If you wrong such a one you can only expect pain.
S: Cruelty, provocation.

749. Wakosera mtunda wambura maji
T: You have persisted in choosing a waterless land.
C: Mazgo agha ghakuyowoyeka kwa munthu wambura kupulika twaŵanyakhe nanga ŵangamusoka.
M: Being obstinately opinionated on unprofitable things.
S: Self-opionated, obstinacy.

750. Wakosera nga nchombo (pa mkosi palije nyama)
T: You have persisted like a water gourd (there is no meat on the neck).
C: Kukosera cinthu cambura nchito kukwandula kanthu cara. Panyakhe nchiheni para ŵanyako ŵakusoka cileka.
M: Unnecessarily persisting in unprofitable things.
S: Stubborness, adamant.

751. Wakovya pa msuni ndiko kuti walya nyama
T: If you have dipped in the gravy you have eaten the meat.
C: Usange watolapo panji walyapo kacokocoko kuti ungadapiranga cara.
M: If you have taken or eaten just a small bit of something, there is no need to say you have not or even touched it.
S: Denial, contradiction.

752. Wakubwerekabwereka ni muzga waŵakubwerekeska
T: The borrower is slave to the lender.
C: Munthu uyo wakutemwa ngongole wakwenera kuteŵetera yula wakongolako mpaka ngongole yose yimale.
M: A person who likes to borrow must work for the lender until the whole debt is paid in full.
S: Borrowing, obligation.

753. Ŵakucanalume dende palije, ŵakucanakazi gede-gede
T: To the husband's relatives there is no relish, to the wife's relatives shake-shake.
C: Nkharo ya mwanakazi uyo wakupwelelera ŵabale ŵakhe pera para ŵamwizira panyumba pakhe kuluska ŵabale ŵamfumu wakhe.
M: The bad behaviour of a wife who shows hospitality only to her relatives, but not to those of her husband's.
S: Partiality.

754. Ŵakucemeka mbanandi kwene ŵakusoleka mbacoko waka
T: Many are called but a few are chosen.
C: Kuti ni wose cara awo ŵakucemeka pa wumba wa ŵanthu ŵakusorekera pa nchito zakuzirwa.
M: Not all who are called from a group are elected to positions of leadership.
S: Promotion, choice.

755. Wakukana cili kuthama
T: Denying having eaten while it (food) is in the cheek.

C: Ŵanthu ŵanyakhe ŵakukana mulandu apo pali ukaboni wose wakuti ŵananga.
M: Denying responsibility for something which is evident.
S: Deception, hypocrisy.

756. Ŵakunicema para panjira njoka, usange ni mbeŵa wakujima ŵekha
T: I am called for when a snake has entered the hole, but if it is a mouse they dig it out themselves.
C: Ŵanthu ŵanyakhe ŵakukhumba ŵanyawo usange ŵali pa suzgo, kwene para ŵali pawemi ŵakuŵataya na kuŵanyoza.
M: People with a very selfish attitude normally need others only when they are in trouble.
S: Selfishness, Exploitation.

757. Ŵakunitemwa pa moŵa
T: They love me at a beer party.
C: Ŵanthu ŵanyakhe ŵakumutemwa munthu cifukwa ca ivyo wali navyo sono ŵakukhumba kulya nayo panji kumwa nayo. Para ivi vyamara mbwenu na ubwezi nawo wamarira penepapo.
M: Some people befriend others when they expect something from them. If they cannot get what they want the friendship ends there.
S: Exploitation, inconsistency.

758. Ŵakunthazi ŵangaŵa ŵapamanyuma
T: The ones in front can be the ones behind.
C: Usange wadangira kuti cikung'anamula kuti iwe uli kunthazi yayi cifukwa vinthu vikuzgoka uzamusanga kuti yula wanguŵa kunyuma wakudangirira pamacitiro.
M: Being the first in anything does not necessarily mean you will take the lead because you may be overtaken by the one from behind.
S: Practicality, uncertainty.

759. Wakuphika libwe likudoloka
T: She cooks a rock until it has a hole.
C: Mwanalume wa mitala mpaka wasankhepo mwanakazi uyo wakumutemwa. Para mwanalume wakukhala mu nyumba yake pera ndipo ŵanyakhe ŵakuti: "wakuphika libwe likudoloka."
M: A polygamist is bound to choose one woman whom he will love most. When the man remains in her house that is when people say, "she cooks a rock until it has a hole."
S: Preference.

760. Wakupusa wakalizga ng'oma mcenjezi wakavina
T: The stupid played the drum and the clever danced.
C: Uyo wakuwoneka ngati ni munthu wakupusa mumaso mwa awo ŵakujiwona ngati mbakucenjera nyengo zinyakhe ngwakucenjera comene kuruska iwo.
M: The person who seems to be stupid in the eyes of those who feel themselves to be clever may not necessarily be as stupid as he seems, he may be a lot more clever than them.
S: Talent, ability.

761. Wakuromba ntha wakusankha
T: A begger has no choice.
C: Munthu wakulombalomba wakupokerera cilicose ico wapika wangayowoyako cara.
M: A person who begs will accept anything that falls in his platter he cannot resist any offer.
S: Preference.

762. Wakuseka ulanda ni njani?
T: Who laughs at orphanhood?
C: Uyo wakuseka ulanda namacero uli pa iyo.
M: The one who laughs at orphans will be orphaned himself tomorrow.
S: Concern, compassion.

763. Wakwera khuni la muŵanga
T: He has climbed a muŵanga (iron) tree.
C: Para wambana na munthu munonono panyakhe mucenjezi kuti ungamukulura cara. Khuni la muŵanga ndi linonono pa kutema.
M: When one provokes a shrewd or sly person it is difficult to overcome him. The muŵanga (iron) tree is hard to cut down.
S: Stupidity, provocation.

764. Wali kukhalilamo camikusa ya kwina
T: He is as passive as kwina ropes.
C: Kukhalilamo apo ŵanyakhe ŵamunozgera ulwani.
M: Being unaware that there is a plot against you.
S: Conspiracy, unawares.

765. Wali kuluta ku muzi ukulu
T: He/she is gone to the big village
C: Muukhaliro withu, nyifwa mbulendo wakuluta ku muzi ukulu uko wose ŵabali awo ŵafwa ŵakuluta.
M: In our traditional life, death is like a journey going to the larger village where all our departed relatives have gone.
S: Death, departure.

766. Wali kulya nyama ya matako gha ncheŵe (garu)
T: He ate the dog's buttocks' meat.
C: Munthu wakwendendeka wambura kukhazikika.
M: An unsettled person who is always on the move.
S: Restlesness, wandering.

767. Walira vula walira mathope/mathipa
T: Who cries for rain also cries for mud.
C: Para ukukhumba kanthu kalikose unozgekere kusangana na masuzgo ghose awo gha kukhwaskana na kanthu ako ukukakhumba. Vula njiweme comene kwene yikwizaso na mathipa awo ngambura kukhumbikwa.
M: When you want something, be ready to have all the unfavorable consequences that are connected with it. Rain is a very necessary thing

but with it comes mud, which is not pleasant.
S: Resignation, acceptance, inevitability.

768. Waliwona pakufuma pakunjira ntha utiliwone
T: You have seen the sunrise, but you will not see the sunset.
C: Mayowoyero gha awo ŵambana pakufingirana kuti yumoza wafwengepo.
M: Threatening that someone will die before sunset after a quarrel or fight.
S: Curse, threat.

769. Walunga waka cimwemwe ca ngoma yili mumakantha
T: You have wrapped up joy like maize in its husk.
C: Wasekelera pambere undaviwone ivyo ukukhumba, ngati ni ngoma yili mukantha kasi citiŵenge cimuŵa (mjuŵa) pera lindizga danga.
M: Quite a small cob may appear large owing to the quantity of husks in which it is wrapped. Hence, your delight is dispropotionate to its cause and you are doomed to be disappointed.
S: Disappointment, disillusionment.

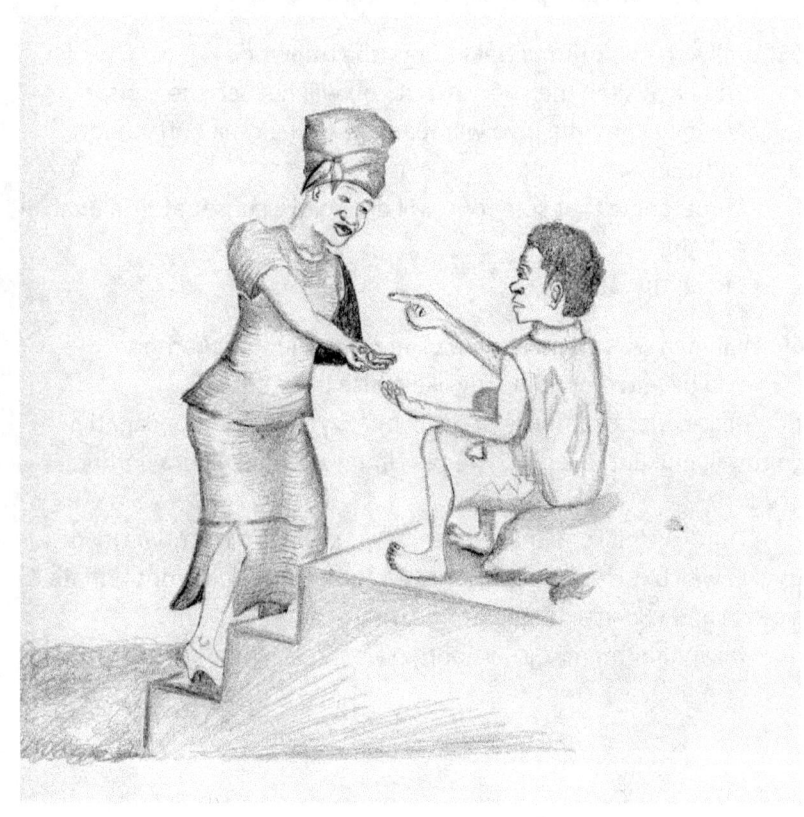

761. *Wakuromba ntha wakusankha*
A begger has no choice.

770. Wambura kugomezgeka pa cuma cake mungamusungiska uli cuma ca fumu?
T: How can a man who is not faithful in keeping his own wealth be trusted with the king's treasury?
C: Kumukanira munthu mwacikhozga soni.
M: One who is unfaithful and inefficient in small matters need not be entrusted with bigger responsibilities.
S: Unreliability, dishonesty.

771. Ŵamunkhwere ŵakusekana vimphata
- T: Monkeys laugh at one another's hind parts.
- C: Nga ni umo kulili kuti munkhwere waseke cimphata ca munkhwere munyakhe, ndimo kulili usange munthu wakuseka kutondeka kwa munyakhe apo nayo ngwakutondeka.
- M: Just as it is ridiculous for one baboon to laugh at the ugly hind parts of its friend, so it does not do to laugh at someone's defects if we ourselves have these same defects.
- S: Contempt, hypocrisy, self-righteousness.

772. Wamuyeni (mulendo) ni nkhuku yituŵa
- T: A stranger is a white fowl.
- C: Wamulendo (muyeni) suzgo panji vilwani vikuwukirapo. Uyo ni mulendo (muyeni) wakumanyikwa luŵiro.
- M: A stranger easily gets into trouble or enemies easily spot him. A stranger can easily be recognized anywhere because of his clumsy ways of doing things.
- S: Exposure.

773. Ŵana ŵa cimbwi ŵazgoka nkharamu
- T: The children of the hyena have become lions.
- C: Nyengo zinyakhe ŵam'masuzgo ŵakusanga mwaŵi ndipo ŵamwaŵi ŵakunjira m'masuzgo.
- M: Sometimes the prosperous ones become destitute while the destitute become prosperous.
- S: Fate, misfortune.

774. Ŵana ŵa nkharamu ntha ŵangalya pamoza
- T: The lion's cubs cannot share a meal.
- C: Ŵanthu ŵakuzirwa pera kuti ŵakwenda pamoza cara cifukwa waliyose wakukhumba nchindi za payekha.
- M: Two important people cannot travel together because each wants his own honour.
- S: Respect, honour, rivalry.

775. Ŵanakazi ni mavi gha nyiska
T: Women are like a duiker's dung.
C: Ŵanakazi mbanandi comene mucaro nga ni mavi gha nyiska. Usange muwoli wako wakunangira mu'eke na kukatola munyake.
M: Women are as plentiful as a duiker's dung, so if your wife misbehaves throw her out and find another one.
S: Divorce, marriage, abundance.

776. Wanakazi nkhuŵa navyo
T: To be a woman it is when you have them (food items).
C: Mwanakazi uyo wakulumbika na mwanalume ni uyo wakuphika luŵiro cifukwa ca kutokatoka kwakhe.
M: A woman who is normally praised by her husband is one who is quick at providing food.
S: Provision, praise, reliability.

777. Wanakazi/Unchembere nkhulyerana
T: Motherhood is to be able to eat with one another.
C: Kovwirana pa masuzgo ndiwo umoyo wa ŵamama.
M: When you are a mother you must be generous so that you can also enjoy other people's generosity to the welfare of your children.

778. Ŵanangwa mba Mtwalo ŵavwara nduŵaluŵa mutulwegha
T: The nobles (free people) are those of the Mtwalo clan for they wear a feather (insignia) on one side of the head.
C: Mwambi uwu ukayowoyeka na ŵa Nkhamanga awo ŵakathera pa nkhondo ku Ŵangoni (ŵa Mtwalo) ndipo Ŵangoni ŵakavwaranga nduŵaluŵa pa mutulwegha.
M: Since [we] the Nkhamanga have been conquered by the Ngoni (of Mtwalo) and they wear the insignia of chieftainship (nduwaluŵa) none of us can claim to be noble.
S: Nobility, freedom.

779. Wanangwa wukuzgoka wuzga; wuzga wukuzgoka wanangwa
T: Freedom turns into slavery; slavery turns into freedom.
C: Awo mbasambazgi ndiwo ŵakuzakaŵaso ŵakavu ndipo ŵakavu ŵakuzakaŵa ŵasambazgi.
M: Those who are rich become poor, the poor become rich.
S: Misfortune, fate.

780. Wandandaya ca bongololo pa msonga wa wona
T: You are boasting (enjoying) like a millipede coiled at the tip of 'wona'.

71. Ŵamunkhwere ŵakusekana vimphata
Monkeys laugh at one another's hind parts.

C: Bongololo usange wali pa msonga wa wona wakumanya kuti umoyo wake ngutali. Sono para munthu wali na vyuma vinandi wakundandaya navyo.
M: When a millipede is coiled at the tip of 'wona' it is assured of long life. When a person has accumulated a lot of wealth he begins to boast or enjoy them.
S: Affluence, security.

781. Wandarama walije fungo/ntha wakwimba nthungululu
T: The one with money does not smell/does not ululate.
C: Kujitemwa nkhuwemi cara usange wasambazga.
M: It is unwise to brag about it when you are swimming in affluence.
S: Arrogance, pride.

782. Ŵangoni ntha ŵakufwa wose
T: The Ngoni people are never exterminated.
C: Nanga vinthu vingasuzga viŵi mpaka kambewu kamoza kakhaleko kakulutirizgira mtundu.
M: No matter what happens there will always be something left over for continuity.
S: Remnant, survival.

783. Ŵankhungu ŵakumanyana ŵankhungu
T: Thieves know one another.
C: Ŵanthu ŵankharo yakukozgana ŵakumanyana cifukwa vyawo ni vimoza ndipo kanandi ŵakusangana umo ŵakwendera.
M: People of like manners know one another and they usually know where they meet.
S: Companionship, similarity.

784. Wanu Tambala yilije cenji
T: One Tambala has no change.
C: Mwanalume yumoza, muwoli yumoza, ivi ntha vingasinthika.
M: Stick to one partner.
S: Faithfulness, solidarity.

785. Wanya pa libwe pasi ghangatunkha
T: You have excreted (defaecated) on the rock, on the ground it becomes unrecognised.
C: Para wanangira munthu uyo weneranga kumunangira cara.
M: Wronging someone you should not have wronged.
S: Stupidity, provocation.

786. Wapanikizga cakanamanga (cona, pusi) wakapanikizga mbeŵa ku cisi
T: You have made a good shot (pin pointed) like a cat pinning down a rat in the dark.
C: Kuphala zina la munthu panji la vinthu ivyo wundaviwonepo kwene mwa unenesko nadi.
M: When one is able to tell the name of a person or something which he has not seen but is actually correct.
S: Accuracy, precision.

787. Wapara josi waleka moto
T: You have picked the smoke leaving the fire.
C: Kwamba zawe (mbembe).
M: To pick a fight.
S: Trouble, provocation.

788. Wapinga palusangani (palusakati) nthamba yambura kuwona (nthema ya NyaMnozga muwoli wa ŵa Nkhonjera)
T: You have danced on the (dopegrass) the grain store (granary) does not see it, (the beer pot of NyaMnozga, wife of Nkhonjera—who made a beer pot that was never used).
C: Kulima pa lusangani kukukhumba nkhongono, sono usange walima kwene wambura kuzuzga nthamba ndiko kuti wafwapo pawaka.
M: To cultivate on dopegrass ground requires a lot of strength and if you don't harvet enough to fill a granary then you have wasted your energy for nothing.
S: Disillusionment, failure.

789. Waphya mpolera kuphya kweneko nkhukomoka
T: It is an internal burn, a real burn is when you have burns/scalds.
C: Nyengo zinandi usange waghanaghana comene na tunthu tu-cokotucoko uto ŵanyako ŵangakunangira tukuzgoka mapiri.
M: Exaggerating one's troubles in search of sympathy or reparation.
S: Exeggeration, dishonesty.

790. Ŵalala ni mudambo mwakuzimwira moto
T: Elders are like the marshes where fire is quenched.
C: Nga ni umo luphya lukukazimwira mudambo cifukwa ca maji panji mtika, munthu mulala ndiyo wakuphemaniska ŵanthu usange ŵayambana kweneso kuzikiska mitima ya ŵanthu pa masuzgo.
M: The elderly can be depended upon in times of troubles and sorrows.
S: Dependence, reconciliation, diplomacy.

791. Walya mborezga mankhoro ghali ku munda
T: You have eaten first-fruits the rest are still in the garden.
C: Kakulya kacoko akoso nkhenekako pera kakunowera dala.
M: When one eats something sweet in small amounts it tastes so sweet that one is tempted to keep on eating.
S: Greed, insufficiency.

792. Ŵasambazi mba cihoŵe, mpande zikuwira wose
T: The ones that are rich are crows not one of them lacks a white band.
C: Usambazi nkhovwira ŵabali ŵanyako kuti mose muyane waka.
M: Being rich is to help your relatives, for equity's sake.
S: Equity, wealth.

793. Ŵasanganapo ŵanthu pera
T: Only people have found each other.
C: Usange mnyamata na msungwana ŵatolana sono vyakucita vyawo vyayana viwemi, panji usange ŵanthu ŵawiri ŵakwendezgana m'macitiro ghaweme ndipo ŵakuyowoya kuti "ŵali kusangana ŵanthu pera."
M: When a young man and a young lady of good manners marry and behave very much alike or if two people agree in many of their understandings that is when it is said "only people have found each other."
S: Companionship, match.

794. Waseka ulanda ni njani? Kauzgani/kaphalireni Leza/Ciuta wamukanile
T: Who has laughed at kinlessness? Tell God to deny him.
C: Ungasekanga ŵanyako cifukwa ŵasangika namasuzgo nga mbulanda/ukavu cara cifukwa namacero cili pa iwe.
M: Never rejoice at the misfortunes of others lest you experience the them.
S: Neighborliness, concern, gloating.

795. Wataya nkhwali kuwona nkhanga maŵanga
T: Throwing away the patridge because you have seen the colours of a guinea fowl.
C: Kutaya ico uli naco nakughanaghana kuti usange cinyakhe nchiweme cara.
M: To desert a piece of property already in one's possession in order to acquire something more precious is not advisable.
S: Appearances, coveteousness, allure, deception.

796. Watemwa moto, utemweso josi
T: You have loved fire, love the smoke as well.
C: Apo pose pali cinthu ciweme, udankhe wasuzgikirapo.
M: Wherever there is something good expect some difficulties as well to achieve that.
S: Resignation, acceptance.

797. Watola mwana wa Leza kuŵa muwoli wako ungopanga kung'anima
T: When you marry the daughter of lightning do not fear the thunderbolt.
C: Usange watola mwana wamunthu mukali ungawopanga cara unozgekere vyose.
M: When you marry a daughter of a difficult person be prepared to endure, be prepared to overcome.
S: Acceptance.

798. Ŵatumbuka ŵatumbula furu ku moyo
T: The Tumbuka have dissected a tortoise down on the abdomen (the Tumbuka nature is such that you never can get your say before they rush in impatiently).
C: Uyo munthu ngwambura mahara ndiyo wangatola mbavi na kutumbula cigaba ca furu; mumazgo ghanyakhe, usange ungalindizga nakughanaghana makora, una vinjeru.
M: Only a fool would take an axe and try to smash the shell of a tortoise; otherwise, it is better to be patient.
S: Foolishness, stupidity, impatience.

799. Wavinjeru wakupulika kamoza
T: A wise person hears only once and understands.
C: Munthu uyo wakupulika mwaluŵiro.
M: A word is enough to a wise person.
S: Wisdom, understanding.

800. Wavilyera ŵanyakhe (kacimphunye kakwa Mbutukule)
T: He has eaten because of his friends who were with him (Mbutukule's top-knot).
C: Munthu muheni wakutinkhika cifukwa ca uheni wakhe. Para wali naŵanyakhe wangalyapo ivyo ŵate ŵamunorenge waŵenge yekha.
M: Said of one who is tolerated only out of courtesy.
S: Courtesy, goodwill.

801. Waviwona pakupula vyaya m'nyumba vyalowa (bundi mu thuli)
T: You have seen them being pounded, they have gone into the house (disappeared).
C: Pakupula ngoma (ufu) ŵakupulira pakweru kweni pakulya ŵakubisama navyo m'nyumba.
M: When pounding maize flour they do it in the open where everyone sees; but when it comes to eating, they hide inside the house, so that no one sees them.
S: Stinginess, inhospitality.

802. Waviwonera (wavilyera) mukwenda
T: You have seen them by travelling afar.
C: Pa ubale mukupana vyakulya kweni para wakalya cifukwa ca kwenda ku nyumba ya munyako ndipo ukuti "taviwonera mukwenda."
M: Normally relatives share food, but when you have been given food by visiting a friend that is when it is said, "We have seen them by travelling."
S: Learning, experience, traveling.

803. Wavwara ving'unu waleka masambi
T: You are wearing (garments of) insolence, instead of clothes.
C: Ukucita vinthu vya ulankhasi ukuleka vya mahara.
M: You have deserted ordinary good manners for impertinence.
S: Insolence, impertinence.

804. Ŵawaka mbayaŵika ŵakuŵika yikuŵaŵa
T: Non-relatives are the keep it, they keep and it is painful.
C: Wamunyawo uli na njala kwene awo ŵali na vyakulya ŵakulaŵiska waka. Ŵasambazi nawo nthewura, wa mukavu ulipo kwene vizwazwa vyawo ŵakutaya.
M: You may be hungry, but those who have food just look on. The same with the rich, they don't bother about the poor; they throw away their worn-out clothes while others need them.
S: Generosity, cruelty.

805. Ŵawaka ŵakukutemwera pakulya nawe
T: People who are unrelated to you are pleased with you when they are sharing your food.
C: Ŵanthu ŵawaka ŵakutemwa munthu para wali pawemi, wandarama kweniso wamazaza. Usange wakavuka panji walwara wose ŵakucimbira mbii. Ŵabali ŵako ŵekha ndiwo ŵakukhalira na kukupwererera.
M: When poverty strikes friends run away.
S: Generosity, cruelty, dependability.

806. Ŵawaka ŵakusina pa cilonda
T: Those who are not your relations will pinch you on the wound.
C: Ŵawaka nanga ungatemweskana nawo kwene ndiwo mbapusu kukunjizga m'masuzgo.
M: Do not over trust those who are not your relations because they may land you into problems.
S: Relationships, hatred.

807. Wawona walya wasambuka
T: Now that you have eaten you rebel.
C: Kunena munthu uyo wangusuzgiska sono usange wovwirika ndipo wakwamba kunyoza ŵala ŵangumovwira.
M: Said of a person who was in deep trouble, but after receiving help begins to talk ill of his helpers.
S: Insolence, ungratefulness.

808. Wayikhala nkharo ya matako ghatatu
T: You have lived the behaviuor of three buttocks.
C: Munthu uyo wali mu mutende ndipo wakughanaghanaso na suzgo la ŵanyakhe cara.
M: A person who lives in peace and does not even think of other people's problems.
S: Stability, peace, tranquil.

809. Wazuwula kamphandira, luvumbo lukuyowoya
T: You have removed (maize that is not fully soaked from a soaking pot).
C: Nchito yakulekelezgera panthowa kwambura kumalizga.
M: Work that is not fully done.
S: Laziness, halfbaked.

810. Ŵenda wafuntha
T: Once you travel you become mad.
C: Usange munthu waluta kuulendo wakuluwa kukwake cara nthewura wakuunjika vinthu ivyo ni vyakukhumbikwa kukwawo.
M: When one travels away from home, he tends to collect as many

things as possible that are likely to be useful when he returns home.
S: Foresight, advantage.

811. Ŵene na ŵene ŵakuyana na misisi ya mundende (Kacere)
T: Members of a clan are like Mundende (Kacere) tree roots.
C: Usange ŵene na ŵene ŵayambana, munthu wawaka wanganjirirangapo cara cifukwa ntha wangamanya apo ŵaphemaniranenge nga ni misisi ya mundende iyo yikukumana pasi. Sono wawaka ndiwe uzamusangika kuti wananga.
M: When members of a clan have picked a quarrel; an outsider should not intervene because he may not know when they will reconcile like roots of mundende tree, which meet underground.
S: Closeness, relationships, caution.

812. Wene na wene/ Wanangwa/Ubale ukunozga nakwenderana
T: A relationship or neighbourliness is pleasant when visits are reciprocated.
C: Pakwenderana pa wanangwa winu kukovwira kumazga masuzgo.
M: When relations visit each other, it helps in cheering one another.
S: Reciprocity, neighbourliness.

813. Wizira nkhanira ca nyanja, vula yina kwawo
T: You have come permanently like a lake, rain has its home.
C: Nyanja para yiza yikwizira nkhanira kweni vula yikumara. Sono para munthu wiza pa cikaya caŵene ndipo wakhala comene kwambura kuwera ŵakumunena kuti wiza ca nyanja chifukwa vula yikuwera.
M: When a lake is formed it comes forever but when rain comes, it stops after sometime (its season comes to an end). When a person has come visiting and does not want to return to his home then they talk of him as having come like a lake, which is not seasonal like rain.
S: Permanence, settlement, overstaying.

814. Wofi ntha ukuzenga nthamba
T: Fear cannot build a granary.
C: Uyo ni mofi pakulima wangaleka na apo watenge wakolorengepo ngoma zinandi.
M: The one who is afraid to work in the garden will stop working even where he might have harvested a lot of maize.
S: Laziness.

815. Woko lamataya likusambazga
T: A hand that gives liberally grows rich.
C: Munthu uyo wakupa mwakufwasa wakusambazgirasambazgira.
M: A person who shares freely grows richer and richer.
S: Generosity, benevolence.

816. Wumba nguweme pa munda kweni kumara dende
T: Multitudes are good in the garden, but they finish relish.
C: Kuti nchito yimare luŵiro yikukhumba unandi kweni pakulya usange na kalinga dende lamara.
M: For field work to be done quickly it needs a large number of people, but when it comes to feeding them you find that relish finishes quickly.
S: Insuffieciency, lack.

817. Wuzga ulije kawemi
T: Slavery has nothing good.
C: Para munthu ni muzga nanga wanganozga wakuŵa nga wananga cifukwa ngwambura kuzirwa.
M: When a person is a slave no matter how well he performs, he is never commended.
S: Inequality, segregation, disrespect.

818. Yowoya kuti ni vikozgo ivi ufwenge sisi licali biliŵiri
T: Say: this is idolatry, you will die while the hair is still black.
C: Usange munthu wakunyozera visambizgo vya ŵalala panji mikhuwo ya mtundu wake, wakusanga soka.
M: Disrespect or disregard for one's cultural heritage may lead to

misfortune.
S: Culture, customs, identity.

819. Yula wali kukwera mukhuni la mupapaya
T: The one who has climbed a papaya tree.
C: Munthu wambura kubaba.
M: Someone who is impotent.
S: Impotence, childlessness.

820. Zika tilyerepo ng'ombe
T: Be patient so we can eat cows.
C Khala wa kujikora kuti tipokere ng'ombe zinandi za malowolo pa nthengwa yako.
M: Be patient so that we can receive enough cows for your bride price.
S: Patience, behaviour, wealth.

821. Zikira ulye ya ngoma, jandamuka ulye ya gaga
T: Be patient you will eat *nsima* from white maize flour, be impatient and you will eat porridge from husks flour.
C: Kuzikira ndiko nkhusanga viwemi, kwene phyumphyu lilije kawemi cifukwa undamuleka vinthu viwemi.
M: You are likely to succeed and find better things with patience.
S: Self-control, patience.

822. Zovo yikafwa na mivwi yinandi
T: An elephant died of many arrow shots.
C: Mulimo ukulu ukumara luŵiro mwakovwirana.
M: Hard work is done quickly by helping one another.
S: Cooperation, unity.

823. Zungwara (zukazuka) ŵamutemwa pakwiza wazgoŵera ŵampata
T: You love Zungwara when he first comes, when you get used to him you hate him.

C: Zungwara (kanyimbi /zukazuka) nkhakoko ako kali na fungo liheni comene. Para kakwiza ungati nikome kuti nilye nyama kweni pafupi ukufunya mata. Nanga ni cinthu panji munthu mulendo pakwiza ukumutemwa kwene para wazgoŵera wukumupata.

M: Zungwara is a beautiful animal, but with a very pungent odour. When it comes near, you might consider killing it for game meat, but you cannot bear its smell. When you get somethings or visitors you like them when they first come, but once you get used to them you begin to dislike them.

S: Contempt, familiarity.

824. Zuŵa lingakunyenga, nyaluwezga wakwiza

T: The sun may cheat you; the one that brings you back comes.

C: Usange mwana wanangira ŵapapi, namuhanya wangacimbira kwene para kwafipa wakuwereraso ku nyumba ya ŵapapi uko wakukalangika. Cinthu ciheni cikucimbirika cara mpaka munthu wasangike na kulangika.

M: One may only run away from punishment or responsibility for a time. Sooner or later justice takes its course.

S: Procrastination, opportunity.

825. Zuŵa ndiwemi (gweme) ndimo lakulimbira cimbara

T: It is a good day on which some leftovers of nsima are kept.

C: Munthu wamahara wakusungilirapo cakulya ca macero, ndipo ni mazuŵa ghose cara awo vyakulya vikuŵa vinandi.

M: A wise person will always want to keep something for to-morrow, because it is not always that one has plenty.

S: Extravagance, frugality, economy.

Figurative Expressions

826. Apo wakhala khuma

T: Sitting in a crouching position.

C: Munthu uyo cuma cose camara ŵana ŵake wose ŵamara

kufwa, ndiyo ŵakuti wakhala khuma.
- M: Someone who has lost everyhing sits in a crouching position thinking what to do next.
- S: Destitution.

827. Bala/maji
- T: Porridge/water.
- C: Cakulya/moŵa.
- M: Food/beer.
- S: Food, hospitality.

828. Balamanthu/Bwengelekete
- T: Break cover.
- C: Kuwerera kukaya pati pajumpha nyengo yitali/Kuwonekera mwamabuci nga ni munthu uyo wangubisama.
- M: Sudden, unexpected reappearance, show up/Sudden leap from a hiding place.
- S: Surprise.

829. Bangala
- T: A worn out sieve.
- C: Sefa yakudoroka yambura kusankha viwemi na viheni. Munthu uyo umunthu wakhe ngucoko.
- M: A person who cannot distinguish between good and bad and so is less helpful to society.
- S: Uselessness, idiocy.

830. Banjo/Gitara
- T: A banjo/guitar.
- C: Mphere, comene kakwanthilo kake ngati ni banjo.
- M: The scratching of scabies which is likened to the plucking of a stringed musical instrument like a banjo or guitar.
- S: Cleanliness, infection, disease.

831. Baramanunkha
- T: The stinking one (type of grasshopper).
- C: Munthu wambura kum'kondwerera cifukwa ca nkharo yakhe

yiheni iyo yikukozgana na mphazi ya kamununkha.
M: A person whose presence is not welcome because of his/her behaviour, which is likened to the smelly "baramanunkha."
S: Behaviour, manners, rejection.

832. Batika/nyeta phula
T: Smear someone with wax.
C: Kumupusika munthu.
M: Cheat someone.
S: Lies.

833. Befu/Kaŵefu
T: Breathlessness.
C: Kucepa mvuci, kung'anamura munthu uyo wakuzgora luŵiro mwaukali kwambura kuwoneska panji kupulikiska umo vinthu vyendera.
M: Lack of breath. Meaning a person who snaps without understanding the issues at stake.
S: Patience.

834. Bere lafulika (laŵirirana)
T: The breast has boiled (is upside down).
C: Kutondeka kukhalira lumoza mwa kupulikana kwa ŵanthu awo ŵali konkha bere limoza.
M: The failure of persons of the same parentage to be at accord.
S: Discord, relashionship.

835. Bina
T: Jealousy.
C: Kuŵa na mtima wambura kukondwera na kucita makora kwa ŵanyithu.
M: Being envious at other peoples' success and well-being.
S: Envy, discontentment.

836. Binyikira m'cira
T: Fold the tail.
C: Kuŵeyerera nga ni ncheŵe para wayikalipira.

M: Complete submission in a recoiled manner to authority.
S: Submission.

837. Bulugamu
T: Eucatyplus.
C: Munthu mtali.
M: A tall and slender person.
S: Height, giantism.

838. Bwaskana mitu
T: Knocking each other's head.
C: Kukhala mu ulanda cifukwa ca kufwa mwakulondezgana kwa ŵapapi.
M: Being orphaned due to a sudden death of both parents.
S: Confusion, destitution.

839. Bwezi la mphasa
T: The friend of a mat/bed
C: Munthu wa kukhala cakugona nyengo yitali cifukwa ca matenda (wulwali).
M: One who spends time sleeping because of illness.
S: Illness, invalid.

840. Cakhala ciswaswa
T: Only chaff is remaining.
C: Kumalirathu kuti wakhala pacoko kufwa.
M: Being exhausted and worn out to the point of death.
S: Illness.

841. Camatwa
T: The smeared one.
C: Munthu wambura kupulika twaŵanyakhe.
M: A deaf person. One who will not listen to others.
S: Deafness, stubbornness.

842. Capa/pula
T: Wash, pound.

C: Kutimba comene.
M: To give a severe beating.
S: Punishment.

843. Caro calangala
T: The earth is clear.
C: Kulijiretu vula ndipo kuli njala yikulu.
M: There is a prolonged drought and famine.
S: Famine, draught.

844. Caro camera mino
T: The earth has grown teeth.
C: Caro cawofya anthewura kucita naco masŵero cara cingakuluma.
M: The world has become dangerous to live in, therefore, do not play with it for it may destroy you.
S: Warning, care.

845. Cibereŵeza
T: Idiot.
C: Munthu mulala uyo wakucita vinthu vyambura mahara.
M: A grown up person who behaves like a small child or does things that are unbecoming.
S: Tomfoolery.

846. Cibotera/Cibowukhara
T: An undeveloped baby.
C: Bonda uyo watondeka kwenda.
M: A baby who has failed to walk.
S: Disability.

847. Cibuza
T: Able-to-sit baby.
C: Mwana uyo wamba kukhala pasi yekha
M: A baby who begins to sit down all by by himself.
S: Health, strength, vitality.

848. Cidololankhali
T: Pot borer.
C: Munthu uyo wakukhara pamuzi pera na kutemwa kulya.
M: A person who does not like to work in the fields, but is always at home eating and peeping into pots.
S: Greed, gluttony.

849. Cidumurankhwamba
T: The belt cutter.
C: Kung'anamula nyifwa, iyo yikudumula wubale uwo wukuŵapo pambere munthu wandafwe.
M: Death as a cause of disintegration in a community owing to the irreplaceability of the departed.
S: Death, disintegration.

850. Cigeŵenga
T: Rebel.
C: Munthu mulwani. Munthu uyo umunthu wafumamo mwa iyo c ifukwa cakudokera vinthu vyaŵanyakhe wakupenjerezga nthowa yakuti wakomere mweneko wa vinthu vila kuti iyo wasange mwaŵi wakutorera.
M: A dangerous person. A peson who is obssessed with the desire for other people's goods and tries all he can to takeover ownership even if it means killing the owner.
S: Barbarity, inhumanity.

851. Cigodola
T: Chicken plague.
C: Kufwa kwa ŵanthu panyengo yicoko cifukwa ca matenda ghakali.
M: Any plague that affects humans so that they die in large numbers.
S: Plague, epidemic.

852. Cikurupati
T: The brave one.

C: Munthu wambura kughanaghanako, uyo wakumanya kuzizipizga na wa kukhwima mtima mu nyengo ya masuzgo.
M: A person who braves and perseveres during hardships and troubles.
S: Bravery, courage.

853. Cimbundi
T: Bribe.
C: Kanthu kakuperekeka pakukhumba kujandizga mulandu.
M: A clandestine gift meant to pervert justice towards the giver's advantage.
S: Corruption.

854. Cimeto
T: Scissors.
C: Munthu mutesi.
M: A liar.
S: Falsehood.

855. Cinkhara
T: Daredevil.
C: Munthu wankhongono na cikanga pakulwa nkhondo, mwene uyo wakofiwa na nyifwa cara.
M: A mighty and brave person who is very daring and does not fear anything even in battle.
S: Courage, bravery, heroism.

856. Cinkhurunkhwenda
T: So long I walk.
C: Kukhala umoyo wakusuzgikira.
M: To live a sickly and deprived life.
S: Poverty, deprivation, resignation.

857. Cinyawima
T: One who defecates in a standing position.
C: Munthu mutesi comene, wambula soni pakuyowoya utesi.

M: A great liar who has no sense of shame in telling lies.
S: Lying.

858. Cipumpha
T: An uncultivated bush in the garden.
C: Malo ghambura kulimika m'munda. Nchito yambura kucitika makora.
M: This refers to places in the garden that have not been weeded out.
S: Half-baked.

859. Cili pa munyako
T: When it is on your neighbour's.
C: Nchipusu kudelera suzgo la m'nyako. Ŵanthu nyengo yose ŵakucefya masuzgo gha ŵanyawo. Kwene usange cakusanga ndipo ukuwona kuti ni suzgo likulu.
M: It is always easy to ignore or make light of another's troubles. It is always easy to exaggerate one's criticism of other people. But when the same problem befalls us, it is normally very heavy.
S: Exaggeration.

860. Cisakasa/Cigongwe
T: Shelter.
C: Nyumba yakuzengeka na utheka iyo ŵanthu ŵakulindizgiramo waka.
M: A house built of grass for temporary use.
S: Interim, provisional.

861. Cisinkho
T: Stump.
C: Munthu mulala mu fuko panji cikaya uyo ni mpapi wa wose.
M: An elderly person who is a progenitor of a clan or family.
S: Parentage.

862. Cita kanthu/nozga/lungisa
T: Do (him) something/repair.
C: Kum'timba comene munthu panji kumupweteka comene.

M: Beating or destroying someone's character.
S: Punishment, sarcasm, vengeance.

863. Citi
T: Non-walker.
C: Munthu uyo wapendera malundi panji wakababika wambura kwenda.
M: A person who has developed lame legs or one born without the ability to walk.
S: Disability.

864. Citimbahete
T: Confusion
C: Kucita vinthu kwambura kulongosoka.
M: Mix-up
S: Turmoil.

865. Civulupi
T: Uproar.
C: Zawe labwekabweka mu msumba panji caro.
M: Revolt against the ruling power or civil strife.
S: Rebellion.

866. Civundungwere
T: Riot
C: Kucita vinthu kwambura kulongosoka.
M: Disorderly unruly disturbance.
S: Commotion, tumult.

867. Civuŵa (moto)
T: Impure fire.
C: Nthenda iyo yikwiza para mwana pa nyumba wacita uzgaghali ndipo wasonkhapo moto pa cipembo, ŵanyina ŵakulwarwa pamoza na ŵana wose.
M: A disease which occurred after a young lady or young man had had premarital sex and then made fire on her mother's hearth. The elders would enquire to find the culprit and then herbal

medicines would be given to the patients by the culprit.
S: Ill-health, pandemic.

868. Civwenkhu
T: Mr Potbelly.
C: Munthu wa nthumbo yikulu.
M: A fat person with a big potbelly.
S: Obesity.

869. Ciwulira
T: An unwelcome baby.
C: Mwana wakubabika pa manyuma pa munyakhe mwakulondezgana.
M: A baby who immediately follows another without much spacing for the two pregnancies.
S: Child-spacing, conception.

870. Ciyuni songanya
T: A disturbing bird.
C: Munthu uyo wakutimbanizga makhaliro gha ŵanthu pa cikaya panjiso uyo wakutimbanizga ubwezi wa ŵanyakhe.
M: Someone who is a confusionist in society or one who disrupts relationships.
S: Confusion, discord.

871. Cizaso
T: He has come again.
C: Munthu uyo wakumbwata ku nyumba zaŵayakhe mpaka ŵanyakhe ŵavuke nayo.
M: A frequent visitor whose visits become boring.
S: Monotony, tedium.

872. Cizukuzuku
T: Nocturnal thoughts.
C: Maghanoghano ghausiku cifukwa ca vyakucitika na muhanya.
M: Troublesome thoughts at night due to what transpired during

the day.
S: Anxiety, worry.

873. Coŵezga
T: One who comes frequently.
C: Munthu wakupemphapempha uyo para mwamupa kanthu mwamujulira nthowa.
M: A person who keeps on visiting you after you have assisted him/her.
S: Pestering.

874. Cuma ca pa msana
T: Wealth of the back.
C: Cuma ico cikuperekeka cifukwa cakuti mwanalume wasomphora msungwana kwambura ŵapapi na mathenga kwendapo na kupulikana.
M: In a traditional marriage custom, if a young man elopes with a girl, he is charged for breaking the custom of agreement in marriage. The wealth paid is what is called "bridewealth of the back."
S: Penalty, fine.

875. Fikamo
T: Come up.
C: Kukula umwali/Kutola nthumbo/Kupulikiska makani.
M: Reaching puberty/becoming pregnant/understanding an issue.
S: Maturity, pregnancy, understanding.

876. Gaga
T: Husks.
C: Cakulya.
M: Food.
S: Nutrition.

877. Gatwe/camatwa/walije makutu
T: Deaf person/He has no ears.
C: Munthu wambula kupulikira upangiri/malango gha ŵanyakhe.

M: A stubbon person.
S: Stubbornness.

878. Geza/Kumwezi
T: Bath/Being at the moon.
C: Kufuma ndopa za pa mwezi za mwanakazi.
M: Menstruation.
S: Woomanhood.

879. Gunda
T: Smash.
C: Kutomba mwanakazi.
M: Have intercource with a woman.
S: Coitus, sex.

880. Kaliguŵazga
T: Panting.
C: Kucita vinthu na phyumphyu.
M: Doing things rushingly without concentration.
S: Impatience, haste.

881. Khala matako ghaŵiri
T: Sit two buttocks.
C: Kukhazikika wambura kutekeseka.
M: Being well established.
S: Stability, settlement.

882. Khalira thull
T: Sit on a pounding mortar.
C: Munthu wambura kubaba.
M: An impotent person.
S: Impotence, fecundity.

883. Khwatukhwatu
T: Empty handed.
C: Usange munthu ku ulendo wawerako waka wambura kalikose ndiyo ŵakuti wenda khwatukhwatu.

M: To come back from an expedition with nothing.
S: Lack, emptiness, misfortune.

864. Kora m'maso
T: Touch in the eyes.
C: Kupusiskana.
M: To cheat each other.
S: Cheating, slyness, cunning.

865. Kuboja
T: Milk someone.
C: Kumulyera cuma cose munthu.
M: Deplete someone's wealth.
S: Deprivation, depletion.

866. Kubwanyana mitu
T: Colliding heads.
C: Kudumbirana cidumbirano.
M: Discussing an issue together.
S: Consultation, council.

867. Kufunya maji
T: Spitting water.
C: Apo munthu wakhalanga na kulya makora wakuza kakumbukapo para wali mu suzgo na kukhala kwambura kufwasa ku malo panji pa nchito yinyakhe.
M: When a person lived happily and sumptuously and suddenly enters into problems because of the change in living standards, he will remember the good times.
S: Remembrance, regret.

868. Kukha umoyo (kuphweska mkhuto)
T: Deflating the stomach.
C: Kupumula para munthu walya kuti cikhirire.
M: Take a nap/siesta after a meal.
S: Rest, recess.

869. Kukhwasula
T: To eat sumptuous food.
C: Kulya cakulya cadozo nga ni nyama iyo yikosoŵa muvikaya vinandi.
M: Eating something very delicious like meat, which is scarce in most homes.
S: Taste, luxury.

870. Kulaŵiskirana mubotolo
T: Looking at each other through a bottle.
C: Kudererana.
M: Despising each other.
S: Spite.

871. Kulaŵiskirana mumaji
T: To see one another in the water.
C: Kunyozana/Kudererana.
M: To treat one another with impudence/To look down upon one another.
S: Repressiveness.

872. Kulazga ku cimati
T: Looking towards the wall.
C: Kulekana pa kugona cifukwa munyake wali ku mwezi panji m'nyumba muli nyifwa.
M: Abstention due to menses or death in the family.
S: Sexual abstinence.

873. Kuli cilangalanga
T: There is a long hot day.
C: Kuli njala yikulu
M: There is a great famine.
S: Famine, draught.

874. Kuli makora
T: It is well.
C: Kwa ŵanthu ŵa pa nchito cikung'anamura kuti malipiro

ghaliko.
M: For those in employment, it means their pay is there for them.
S: Satisfaction, hope.

875. Kuli zuŵa
T: There is a hot sun.
C: Para kuli njala yikulu panji usange pa zuŵa lila kulije cakulya ŵakuti kuli zuŵa.
M: When there is famine or if at that day there is no food it is said that there is a hot sun.
S: Starvation.

876. Kulingizgako waka
T: Just to peep in.
C: Kukacezga kwa mwanasi kanyengo kacoko waka.
M: Pay a very short visit.
S: Brief, concise.

877. Kulirira ku josi
T: To weep on the smokey side.
C: Kujandizga pakubisa ivyo munthu wacita pakuti wasanga navyo suzgo cifukwa cambura kupulika.
M: Finding a mitigating reason for the actual suffering for one's own mistake.
S: Mitigation, pretence.

878. Kumangira mceka
T: To bind one's bowels.
C: Awo ŵakumanga mceka mbamama usange munthu munyakhe waŵanangira sono mceka ndiyo salu iyo ŵakukaka usange wali na nthumbo kukhozga nthumbo. Ndipo para wamanga mceka ndiko kuti wakalipa comene kuŵaŵa nga mpha kubaba.
M: This is done especially by elderly women to signify their anger. When this is done it means something extremely wrong has happened, for example, when a daughter-in-law has used

abusive language to a mother-in-law.
S: Admonition.

879. Kum'gona
T: To sleep her
C: Kutomba mwanakazi/kulewŵana.
M: Making love to a woman.
S: Fornication, adultery, sex.

880. Kum'kolola
T: To reap (someone).
C: Kumulyera ndarama zose.
M: To deprive someone of his money through trickery.
S: Depletion, plunder.

881. Kumtayira kakhuni
T: Throwing a stick for him.
C: Awo ŵatondeka pa ciphalizgano pakulumba yula waluska m'macitiro ndipo ŵakuti tam'tayira kakhuni.
M: In praise of a prowess person it is said, "we have thrown a stick for him/her."
S: Praise, admiration, surrender.

882. Kumukwerera pa ciduli
T: To climb an anti-hill for someone.
C: Kumuteketera comene munthu.
M: Use abusive language/shout at someone on top of one's voice.
S: Blasting, sarcasm.

883. Kumupanga
T: To make up someone.
C: Kulongozga munthu kuti wacitire munyake ciheni. Nyengo zinyakhe usange walewŵana na mwanakazi ndipo ŵakuti wamupanga.
M: Misleading someone to plot against another. Sometimes this is said when a man has had sex with a woman.
S: Misleading, inciting, sex.

884. Kumwera maji
T: To stop for a glass of water.
C: Kupumulira.
M: Taking some rest or break.
S: Recess, rest.

885. Kunkhumura boza/Gweng'uska boza
T: Lay a lie.
C: Kuyowoya utesi mu maso muli tetete- wambura soni.
M: Speak a blatant lie.
S: Lying, falsehood.

886. Kunozga/Namunozgaci
T: Repair- I have done a good job on him.
C: Kumuteketera panjiso kutimba comene munthu sono yula wateketera mnyake pakuyowoya ndiyo wakuti namunozgaci.
M: When someone has given a thorough scolding or beating of someone else, that is when in boasting one will say I have done a real good job on him/her.
S: Fight, strife, sarcasm.

887. Kunya nyungu
T: Discharge pumpkin seeds.
C: Munthu uyo wakhaula/wapera.
M: To be punished so much that one regrets for the act deserving the punishment.
S: Remorse, regret.

888. Kunyera mubafa/wanya mubafa
T: Excreting in the bath-tab (bath-room).
C: Kupalamula mulandu.
M: Committing a crime
S: Annoyance, provocation.

889. Kuphwiska m'khuto
T: To flatten one's full stomach.
C: Kupumula panji kucita cinthu cinyake kuti m'khuto umale.

Kusumbira nkhani.
M: A good rest after a good meal. Being able to think over an issue in order to get a clear perspective.
S: Resting, recess.

890. Kuphyola msoro
T: To seek refuge.
C: Kulomba malo kuti munthu uyo wasuzgika wapanjweko.
M: This is said when a destitute person seeks asylum at someone else's home.
S: Refuge, asylum.

891. Kuleka kumwa maji
T: To stop drinking water.
C: Kusoŵa mtende.
M: To be disquietened.
S: Restlessness.

892. Kulya vizizimu
T: To eat food without salt.
C: Mwanakazi uyo wali kumwezi wakulya vyambura mcere nga cilongolero kuti wali ku mwezi.
M: When a woman is menstruating, she eats food without salt as a sign.
S: Innocence, modesty.

893. Kusoŵa pa kukora
T: Not to be able to find what to hold on to.
C: Kusoŵa wovwiri panyengo ya masuzgo.
M: Be at a loss.
S: Confusion, predicament.

894. Kusuka maso
T: Washing one's eyes.
C: Kuwona cinthu panji vinthu vyakusangwiska.
M: Seeing something pleasant.
S: Entertainment.

895. Kusuka mumlomo/kukhwasula
T: To cleanse the mouth.
C: Kulya cakulya ca dozo (comenemene nyama).
M: To eat something tasty (especially meat).
S: Taste.

896. Kutema pa libwe
T: To strike (an axe) on a stone.
C: Kwananga mwaŵi uwo wapika pakusuŵilira saza.
M: Rid oneself of an important opportunity through abuse.
S: Carelessness.

897. Kuthira Juni
T: Throw (blow) June at someone.
C: Kumukalipila munthu mpaka kukhala khuma ngati ni pala mphepo ya mu Juni yamuzizimika.
M: To shout at someone to the extent of making him or her crouch as if freezing cold.
S: Rebuke, chiding, submission.

898. Kuthira mphepo
T: Blow the wind at someone.
C: Kumukalipira comene munthu.
M: Scolding/chiding someone in strongest terms.
S: Rebuke, chiding, submission.

899. Kuthukizgana
T: Heating each other up.
C: Kuleŵana.
M: Making love.
S: Intercourse.

900. Kuthutira
T: Take breath.
C: Munthu wambura kuzikira pakuyowoya.
M: Someone who is impatient.
S: Impatience.

901. Kutolana pa mulomo
T: To take one another's mouth.
C: Kupenjerana vifukwa kuti m'nyakhe wasangike wakwananga.
M: Trying to get each other in trouble by watching for wrong statements or actions.
S: Betrayal.

902. Kuumboza pasi
T: Beating the ground with feet.
C: Kwenda mwakusuzgikira ulendo utali wa pasi.
M: Walking a long distance on foot with a lot of difficulty.
S: Walking.

903. Kuwa kapingizgoli
T: Fall head-over-heels.
C: Usange munthu wanguŵa na mpando ukulu pa nchito sono wafumiskikapo cifukwa cakuti wananga kanthu ndiyo ŵakuti wawa kapingizgoli kudangizga mutu kumalira malundi.
M: To plunge into disgrace.
S: Demotion, disgrace, failure.

904. Kuwerera ku utiti
T: Going back to being a little swallow.
C: Munthu uyo wakamba kucita makora kweni wawereraso ku masuzgo ghake ghakale.
M: A person who was prospering, but has returned to poverty.
S: Deterioration, fall.

905. Kuwonana nga nkhutulo
T: Seeing each other as in sleep.
C: Mazgu agha ghakuyowoyeka usange ŵabali ŵaŵiri panji ŵabwezi awo ŵakaonana kale para ŵakumana sono ŵakusekererana ndipo ŵakuti kuwonana nge nkhutulo.
M: This saying is said by two relatives or friends who suddenly meet after a long time of separation.
S: Excitement, reunion.

906. Kuwonkha
T: To suck
C: Kupenja vinjeru kwa mupapi/Kucezga na mupapi.
M: Seeking for a word of wisdom from one's parent/Chatting with parents.
S: Consultation.

907. Kuya ku mwezi
T: Going to the moon.
C: Kugeza kwa mwanakazi kwa pamwezi nyengo iyo wakufuma ndopa.
M: Monthly menstruation of a woman.
S: Menstruation.

908. Kuyimira pa ciduli
T: To stand on an anthill for someone.
C: Kumtuka munthu mwakukwezga mazgo.
M: Shouting at someone sarcastically.
S: Sarcasm, tirade.

909. Kuyowoya na mtima umo
T: To speak with one heart.
C: Kucita vinthu mwakukolera nako kwambura kunyunyuta panji kuzomerera kusingo.
M: Arriving at a common point with unflinching resoluteness.
S: Agreement, consensus.

910. Kuyowoyera kuseli kwa lulimi
T: Speaking from behind the tongue.
C: Usange munthu mukavu wayamba kusanga cuma ndipo wayamba kuyowoya mwakujikwezga na kunyoza ŵanyakhe ndiyo ŵakuti wayamba kuyowoyera kuseri kwa lulimi.
M: Speaking boastifully and spitefully to others of one is beginning to get rich.
S: Pride, self-satisfaction.

911. Kuyowoyera pa luwande
T: Speak by the side/amiss.
C: Kuyowoya vyakukhuŵazga mtima.
M: Uttering insults.
S: Insult, provocation.

912. Kuzomera mutu kuŵaŵa
T: Accepting with a headache.
C: Kuleka kuzomera na mtima wose. Kuleka kukhutira.
M: A person's half-hearted acceptance of something.
S: Dissatisfaction, doubt, half-heartedness.

913. Kwafumphira/kwaca uheni
T: It is cloudy/it has dawned badly.
C: Usange pa banja panji pa nchito zuŵa linyakhe pakuyowoyeskana ŵanthu ŵakukhalira kukalipirana pera ndipo ŵakoyowoya mazgu agha.
M: When in a family setting or work place, on a particular day you cannot communicate well that is when it is said: "It is cloudy/It has dawned badly."
S: Relationship, communication.

914. Kwalangala
T: It is a clear day.
C: Kucaro kulije vula panjiso kuli njala.
M: There is a drought or famine.
S: Famine, drought.

915. Kwangwanula
T: Open one's eyes.
C: Kumwibira munthu mwa kumupusika.
M: To rob someone by trickery.
S: Robbery, trickery.

916. Kwasuzga
T: There is trouble.
C: Cinthu cinyakhe canangika ndipo ciza na suzgo mwakuti

wakhala waka khuma.
M: Things have gone wrong.
S: Hostility, adversity.

917. Kwawa gwang'wang'wa
T: Gwang'wang'wa has fallen.
C: Kuli njala yikulu
M: There is a great famine.
S: Famine.

918. Kwawaci tafipa mutima
T: What has fallen, we are worried.
C: Mazgu agha ni malonje ghakuperekeka mwakucuruka usange kwiza munthu uyo mwamughanaghaniranga cara.
M: This is a saying for greeting to someone whose coming was least expected.
S: Greetings, fear, expectation.

919. Kwendera yasoza/kulya yasoza
T: Walk for *sima* without relish.
C: Kwenda wambura kusanga ico wapukwa.
M: Trouble oneself for nothing.
S: Disappointment, disilluisionment.

920. Kwenderana mphiska
T: Walking across each other's paths.
C: Kutinkhana/ kupenjerana vifukwa.
M: Spying on each other.
S: Hatred, malice.

921. Kwiza na nkhondo
T: Coming with war.
C: Usange munthu wiza na ŵalendo wambura kunozgekera ndipo ŵakuti wiza na nkhondo,
M: When someone comes home with visitors unexpectedly it appears as if he has come with a battalion.
S: Visitors, inconvenience.

922. Lasa
T: Pierce (as if with a pointed object)/shoot (with a gun).
C: Kupereka nthumbo kwa mwanakazi/Kuyowoya mwacindunji.
M: Impregnate a woman /Hit the nail on the head.
S: Precision, conception, straightforwardness.

923. Laŵiska nkhope
T: Look at the face.
C: Kutemwera pakupereka kanthu panji kulemba nchito.
M: Showing favouritism in dealing with people.
S: Partiality, favouritism.

924. Lulimi lwa mphanda
T: A forked tongue.
C: Munthu wa boza wakuyowoya paŵiripaŵiri.
M: A liar.
S: Hypocrisy, falsehood.

925. Lumana makutu
T: Bite each other's ears.
C: Kusokana.
M: To alert one another.
S: Warning, alert.

926. Lusungu lwa njoka
T: What a pity for the snake.
C: Njoka yikulenga lusungu cifukwa yilije weya nesi malundi sono usange munthu wasoŵerwa vyose vyakukhumbikwira pa umoyo ndiyo ŵakuti lusungu lwa njoka.
M: The snake does not have feathers nor legs that is why it is pitiful. Thus, a person who lacks all basic necessities is said to be pitiful like a snake.
S: Destitution.

927. Maji/mumwe maji
T: Water/Come drink water.
C: Nthowa yakucemera munthu kuti wazakalye cakulya.

M: A way of inviting someone to come and eat food.
S: Courtesy, invitation.

928. Makutu gha nasanje
T: Ears are envious.
C: Wamunthu ucitenge cinthu cimoza pera makutu ghangahereza kuŵiri nyengo yimoza cara.
M: Do one thing at a time, just as ears cannot attentively listen to two people at once.
S: Concentration, planning.

929. Malirathu
T: Be completely finished.
C: Kuloŵera kwakumara nako mahara.
M: Complete inebriation.
S: Drunkenness.

930. Manyenye ghaduka
T: Edible flying ants have come out.
C: Mwaŵi watisanga.
M: Luck has found us.
S: Good fortune.

931. Mapuno ghaphya ku munda kwa Mucenjere
T: Tomatoes are ripe in the garden of Mr. Becareful.
C: Kusokana pa nchito usange mulala wa nchito wafika.
M: A way of warning one another at work that the boss is coming.
S: Warning, laziness.

932. Maso gha ngweruka
T: Eyes have been brightened.
C: Kuwonana na mwanasi uyo patola nyengo yitali mundawonane/Kuona vyakukondweska.
M: Meeting a longtime friend or a longtime missing relative/Looking at some pleasant scenery.
S: Excitement, sight-seeing.

933. Matondo ghawa/Manyenye ghaduka
T: Green edible larvae have fallen.
C: Mwaŵi watisanga.
M: Luck has come upon us.
S: Luck, fortune.

934. Mazgu gha kuseri
T: Words of behind.
C: Tingafipanga mtima na luseso cara cifukwa ŵanthu ŵalekengepo kuyowoya cara.
M: People will always talk, so do not worry.
S: Rumours, gossip.

935. Mbunu za cimbwe
T: The greed of the hyena.
C: Munthu wakusotokera vinthu wakukhorwa na cinthu cimoza cara, ndipo wakutola bweka kwambura kusankha. Mahule ghakupwererrerako cara uyo gha kugona nayo kwali ni mfumu wa ŵene panji muwoli wamwene, ndipo paumaliro ŵakufwa navyo.
M: A person who is greedy is never contented and he wants to grab everything that comes his way. Adulterers and adulteresses do not care whom they sleep with until they die.
S: Dissolute, discontent, malpractice.

936. Mbuwu
T: Dumb person.
C: Munthu wambura kutemwa twakuyowoyayowoya.
M: One who does not like being involved in provocations.
S: Quietness, demureness.

937. Milira mata (kwambula kumilira mata)
T: Swallow saliva (without swallowing saliva).
C: Kuyowoya wambura kurekezga.
M: Speaking without stopping/continual chattering.
S: Talkativeness.

938. Mino lusero
T: Teeth in the winnowing basket.
C: Ŵanthu ŵanyakhe ŵakupusika ŵanyawo kuti namacero nizamukupa cakuti. Kweni namacero usange waka yiii! Sono ŵanthu ŵakuti waŵapusika mbwenu iwo mino lusero kuti wazamuŵapa, kasi cara.
M: Some people cheat colleagues that the next day they would give them something. Colleagues would be filled with joy, but when that day comes there is nothing! Thus people say he has cheated them and yet they have filled the winnowing basket with teeth that they will receive something, when really there is nothing.
S: Cheating.

939. Mitu yakumana
T: Heads have met.
C: Usange ŵalala ŵam'cikaya panji pa wumba ŵakumana pa makani gha kusuzga, ndipo ŵakuti mitu yakumana.
M: When elders of a village or at a gathering have met together to decide on a difficult issue they say "heads have met."
S: Consultation.

940. Mphofwa
T: Black, dry and soft mushroom.
C: Munthu wakupusa.
M: A fool or pusillanimous person.
S: Idiot, quietness.

941. Mtima wa kukamunwe
T: Heart on the finger.
C: Munthu wakukwiya luŵiro.
M: Over-touchiness.
S: Anger, provocation.

942. Mtima wa kunjoŵe
T: The heart that is at the fingernail.

C: Munthu uyo wakukwiya luwiro.
M: A short tempered person.
S: temper, nefarious.

943. Mtimba kuŵiri ng'oma ya mganda
T: Beating on both sides like a drum used when dancing mganda.
C: Wovwiri ukukhumbikwa kuperekeka kosekose pakati pa ŵanthu luwande limoza pera cara. Panji munthu wakuyowoya paŵiri kuti vimunowere kosekose.
M: Among people help should be given reciprocally not just one side. It may also mean a double-faced person.
S: Reciprocity, hypocrisy, double-faced.

944. Mulomo wakulya derere
T: A mouth that eats okra.
C: Munthu wakuyowoya utesi panji wambura kukolako.
M: Someone given to lying.
S: Outspokenness, lying.

945. Munonono mtima
T: Hard-hearted person.
C: Munthu wacigolo/ Munthu wambura cigowokero para wamupalamula.
M: A stingy person/One who does not forgive easily.
S: Stinginess, insensitive, vindictiveness.

946. Munthu (yura) ni moto
T: That person is fire.
C: Munthu wapamulomo, wakutemwa kutuka.
M: A quarrelsome person.
S: Fiend.

947. Munthu ni njoka yula
T: That person is a snake.
C: Munthu wamacitiro ghaheni mu ulyalya ndipo wakujilongola nga ni muweme.
M: A person with a particularly shrewd and destructive behavior

but who wants to show himself as a good person.
S: Hypocrisy, shrewdness, cunning.

950. Munthu wa mutu ukulu
T: A person with a big head.
C: Munthu wa mahara ghanandi.
M: A very intelligent person. One said to have brains.
S: Shrewdness, intelligence.

951. Mutu ukwenda/ukupukusa/vakaca
T: The head moves/He has brains/guts.
C: Munthu wavinjeru/wamahara.
M: An intellectual.
S: Prowess, intelligence.

952. Mutu wakuzula maji
T: The head full of water.
C: Wambura mahara.
M: Unintelligent person.
S: Dullness.

953. Mwana nchola
T: A child is like a wallet (bag).
C: Ungamuleka mwana wako cara uyo mbovwiri wako wa macero. Mwana nanga wanange nchiweme cara kumukana, ti-kugowoka.
M: You do not leave out your child who will help you tomorrow. Even if a child does something wrong, we do not disown him/her, we forgive.
S: Care, forgiveness.

954. Mwana wa mulimi/Ndimwe ŵalimi
T: The child of a farmer/You are a farmers.
C: Para mulendo wafika pa malo apo ŵali pa cakulya ndipo ŵakuti mwana wa mulimi, para ni mulala muli ŵalimi. Ni nthowa yakumucemera cakulya.
M: If a vistor finds people at the table eating and the food is not

yet finished that is when they refer to the visitor as a farmer. It is a way of inviting one to table when he arrives during a meal.
S: Courtsey, sharing.

955. Mwana wamumakongono
T: The child of the knees.
C: Uyu ni mwana uyo wakulira kwa sibweni ŵakhe ndipo ŵawiske ŵakumanyikwa makora cara.
M: This is a child who grows up in the village of his maternal uncle and his father cannot easly be traced.
S: Bastard, illegitimacy.

956. Mwaŵi ukupambana
T: Fortune differs.
C: Mwaŵi ukusangika mwakupambanapambana ku ŵanthu ŵakupambanapambana.
M: Fortune favours different people in different ways.
S: Fortune, luck.

957. Myula
T: Peel of the skin.
C: Kukhuŵazga munyako.
M: Arouse bad temper.
S: Provocation.

958. Nafwira kubaba
T: I have been punished for bearing a child.
C: Kudandaula cifukwa ca kulipa mulandu uwo wananga ni mwana. Nyengo zinyakheso mupapi wakufwa na njala kuti walyeske mwana.
M: Because of the love for a child the parent may pay the penalty on behalf of the child. Sometimes the parent will go hungry just to have the child eat the food.
S: Parenthood, care.

959. Nakhalapo gwenyugwenyu
T: I have sat "gwenyugwenyu".

C: Kukhalapo wambura kusanga kanthu kalikose.
M: To receive nothing at all.
S: Deprivation, loss.

960. Nakhara pa singo pera
T: I am only remaining on the neck.
C: Munthu uyo wanjira mumasuzgo ghakulu ndipo wafikapo kuti munthowa yiliyose wangafwa ndipo wanozgekera cilicose cakumuwira.
M: A person who feels ready to die and is no longer afraid of anything.
S: Hopelessness, resignation.

961. Namugoneka
T: I have sent him/her to sleep.
C: Kupusiska.
M: Make one look a fool.
S: Trickery, dishonesty.

962. Namumeta
T: I have shaved him.
C: Namupusika.
M: I have cheated him.
S: Exploitation, cheating, trickery.

963. Napenkha
T: I have blown my nose.
C: Kulapa mwakuti wungakhumbaso cara kuwerezga.
M: To regret so much that one won't repeat the same act.
S: Repentance, remorse.

964. Naviwoneraci
T: Why have I seen them.
C: Kulya vyakulya mwakujumphizga kwambura kughanaghana kuti namacero napo ni dazi.
M: Uncontrolled eating of sumptuous food oblivious of future

S: Extravagance, profligacy, gluttony.

965. Nguwo ya lekaleka
T: A piece of cloth called "stop this, stop this."
C: Kuyowoya kuti munthu wakupenja mwana. Mwana wakutemwa kukolakola nguwo ndipo anyina ŵakumukanizga kuti waleke ndipo ŵamuchayenge. Nguwo yila ndiyo ni lekaleka.
M: Longing to have a baby. The *lekaleka* cloth is the symbol of the desire to have a baby.
S: Parenthood, longing.

966. Njara nkhakoko
T: Hunger is a beast.
C: Njara njilwani yingakoma munthu.
M: Like a deadly beast hunger can easily kill.
S: Hunger, deprivation.

967. Nkhumazere/Yenda kumazere
T: To the left/Pass to the left.
C: Kuleka kuzgoŵerana/Kutinkhana.
M: Not used to or acquainted with/dislike.
S: Unaccustomed, unfamiliarity.

968. Nkhumphaka
T: It is the boundary.
C: Kutinkhana/Kuleka kwenderana.
M: Not visting one another.
S: Hostility, hatred.

969. Nkhutemwa kwa ciphamaso
T: Love that blinds the eyes.
C: Ŵanyakhe para muli pamoza ŵakulongora ubale panyakhe ubwezi weneko kweni para ŵali kwa ŵekha ŵakuyowoya viheni vyamunyawo. Ŵanthu ŵantheura ndiwo ŵali na kutemwa kwa ciphamaso.
M: Some people show love or cordial relations in the presence of

their friends but in their absence, they are not as good.
S: Hypocrisy, falsehood.

970. Nthengwa ya mapoto
T: Marriage of cooking pots.
C: Nthengwa iyo palije mathenga na malowolo; nthengwa ya ulewî.
M: A trial marriage that has not been sealed by customary marriage agreements.
S: Cohabitation.

971. Nthokoniko
T: Arise.
C: Tiyeni tilutenge. Kuchemuskana pa ulendo.
C: Let us set off.
S: Encouragement.

972. Nthombituma
T: Maid-servant.
C: Kasungwana ako kakuteŵetera mu nthanganene para kwiza majaha.
M: A young girl who serves in the single ladies' house during their suitors' visits.
S: Service, entertainment.

973. Nthumbo dangizge
T: Putting the stomach in front.
C: Munthu wakutemwa kulya kweni wambura kutemwa nchito.
M: A person who loves to eat, but is very lazy.
S: Laziness, gluttony.

974. Nivyamuŵanthu
T: From among the people.
C: Masuzgo ghakucita kulowana.
M: Mysteriously caused problems from people/witchcraft.
S: Mystery, witchcraft, sorcery.

976. Pavyaŵanyako
T: On what belongs to others.
C: Munthu uyo wakutemwa kuyowoya vya ŵanyakhe kwene para nkhani njakhe wakucita kudapira.
M: A person who is quick to talk about others, but very quick to refute when it comes to issues concerning him.
S: Rebuttal, slander.

977. Pula
T: Pound.
C: Kumutimba comene munthu nga ni umo wakucitira pakupula ngoma.
M: To beat someone severely like the pounding of maize (corn) in a mortar.
S: Beating, fight.

978. Pulikapo (mo)
T: Feel it/Got it.
C: Kupulika vyakuŵinya cifukwa cakuti m'nyako waku-pweteka/Kukhutiskika na cinthu cakunowa nga nchakulya panji usange ŵanthu ŵagonananga.
M: Feeling of pain when one has been hurt by another / A feeling of satisfaction after a good meal or sexual act.
S: Pain, satisfaction.

980. Longora kamunwe
T: Point a finger.
C: Kuphalira kwananga kwa m'nyako.
M: Blaming someone.
S: Accusation.

981. Lyeska maso/Kusuka mmaso
T: Feed the eyes/Cleanse the eyes.
C: Kuwonerera vyakusangwiska umoyo.
M: To entertain the eyes.
S: Entertainment, delight.

982. Sokolokotu
T: Leap into view.
C: Kwiza mwakuzizimuska.
M: Sudden appearance.
S: Surprise.

983. Sukuluka
T: Fade.
C: Kumara kwa kutowa kwa cinthu panji kuleka kunowa kwa cinthu.
M: Loss of beauty, colour or flavour.
S: Expiry, obsoleteness.

984. Taduska makuŵi (kuduska makhuŵi)
T: We have driven off the vultures.
C: Munthu para wasanga ŵanyakhe ŵakumalizga kulya sima ŵakuti waduska makhuŵi pakuti makhuŵi nyengo zose ghakulya nyama pamoza ndipo para ghawona munthu ghakuduka.
M: You are too late for food.
S: Misfortune, deprived.

985. Takamuka/Tukumuka
T: Expand/Enlarge.
C: Kusambazga/Kujitemwa.
M: Become rich/ Feel proud.
S: Relief, pride.

986. Thongata
T: Brooding.
C: Kukhala wambura kukhazikika.
M: Being impatient.
S: Impatience.

987. Thukizgana mitima
T: Heat each other's heart.
C: Kuŵereŵeteskana/kukalipirana.

M: Quarrelling/heated talk.
S: Quarrels, provocation.

988. Thukizgana
T: Heating each other.
C: Kuyowoyera mu ukali mwakuti wose ŵawiri ŵakwiyirane.
M: Provoking each other to anger.
S: Provocation.

989. Thupi ni mawela
T: The body is returning.
C: Mazgu agha ni malonje kwa munthu uyo wangulwala comene ndipo waghanda mwakukhwimiska ndipo wakuti tawonga kuti mwacira thupi ni mawela.
M: The saying is given in greeting with sympathy to a person who had been sick for a long time to encourage him in his recovery.
S: Recovery, recuperation, convalescence.

990. Ticimbizgeni
T: Chase us/Send us away.
C: Kufumba malonje ku mulendo.
M: A polite way of asking someone to tell the purpose of the visit.
S: Greetings, politeness.

991. Tolapo soka
T: Take on bad luck
C: Kumalizga cinthu ico cate cimalizgike na kale ndipo mulandu ukumuwira uyo wamalizga.
M: Getting into trouble over an issue that was already on the verge of collapse.
S: Accident, coincidence.

992. Towa
T: Beautiful.
C: Usange mwanakazi wafumako ku mwezi.
M: When a woman finishes her period of menstruation.
S: Cleanliness.

993. Tukumuka
T: Rise up/Expand/Puff up.
C: Munthu wakujitemwa/kujikuzga.
M: A proud person.
S: Pride.

994. Uskira nkhondo
T: Raise war for someone.
C: Kumuŵika munthu mumasuzgo.
M: Put someone into trouble.
S: Betrayal.

995. Utesi ukuthaska
T: Lying saves.
C: Zikuŵapo nyengo zinyakhe usange munthu wafyenyekezgeka ukuyowoya utesi kuti ujithaske ku mulandu uwo wakusanga.
M: There are times when one is cornered and may tell a white lie in order to get acquited from the crime.
S: Falsehood, defense.

996. Utesi ukuwera
T: Lying return.
C: Kuyowoya ca utesi cikubisika nyengo yitali cara, sono para wamanyikwa iwe ukayowoyanga soni zikukukora waka.
M: You cannot always hide lies as sooner or later they become are known.
S: Repercussions, boomerang.

997. Utesi ulije mweneko
T: Lying has no owner.
C: Munthu waliyose mpaka zuŵa limoza wayowoyepo utesi.
M: Every person will one day tell a lie.
S: Lying, falsehood, vulnerability.

998. Uŵe maso
T: Be eyes.
C: Ucenjere.

M: Be alert.
S: Alertness, carefulness, caution.

999. Uyo ni mwanalume/mwanakazi
T: That one is a man/a woman.
C: Munthu uyo wali kukhwima munyanga ndiyo wakucemeka mwanalume/mwanakazi kweneso usange wakutemwa nkharo yakwendendeka mu uhule.
M: A person is said to be a man/woman when he/she is believed to well versed in issues of witchcraft or prostitution.
S: Witchcraft, prostitution.

1000. Vyafyenya/Nafyenyeka
T: Things have tightened/I am tied up.
C: Vinthu vyasuzga.
M: I am in a very difficult situation
S: Mess, predicament.

1001. Ŵa vula zakale
T: Of the old rains.
C: Ŵacekulu. Nthowa yakayowoyero kanchindi pa kunena ŵalala kulongora kuti wali na mahara cifukwa ŵawona vinandi wacali na umoyo.
M: Old people. A polite way of refering to aged people in recognition of their experience in life.
S: Experience, wisdom, age.

1002. Wacithende cifupi
T: The short-footed one.
C: Mwanakazi.
M: A woman.
S: Weaker sex, feminine.

1003. Wadyaka njoka ku m'cira
T: He/she has stepped on the tail of a snake.
C: Kwambana na munthu mukali.

M: Provoking a tempestuous person.
S: Provocation, daring.

1004. Wafikamo munthu muheni (mulwari wa pathupi)
T: A bad person (a patient) has arrived.
C: Mwanakazi uyo wali na nthumbo kuti wazamubaba mwana.
M: A pregnant woman is said to be "a bad person" or patient.
S: Pregnancy, uncertainty.

1005. Wagutya nazo (mwenda nato)
T: Walking with them (or tale bearer).
C: Munthu uyo wakwendendeka m'nyumba za ŵanyakhe na nkhani za utesi.
M: A person who moves from house to house spreading false stories.
S: Rumour-mongering.

1006. Wakawaka/khwatukhwatu
T: Empty handed.
C: Kwenda wambura kunyamula kanthu.
M: Coming (of a visitor) without carrying anything with him.
S: Nothingness.

1007. Wakalirekelera wakawa
T: He who let himself fall did fall.
C: Munthu uyo wakulimbikira pa nchito ndiyo wakusanga, mulesi wakusanga kanthu cara.
M: It is only by hardwork that you get anything, if you only allow yourself to fall you will surely fall.
S: Hardwork, industriousness, laziness.

1008. Wakawoko kakukhwinyata
T: The one with a withered hand.
C: Munthu wacigolo.
M: A stingy person.
S: Stinginess, ungenerous.

1009. Wakawoko katali
T: One with a long hand.
C: Mazgu agha ghali na ving'anamulo vinandi nga ni ivi: Munthu munkhungu/Munthu uyo ni mwanangwa pakupereka vinthu ku ŵanyake/Munthu uyo ngwakufukafuka pa milimo.
M: This saying has several meanings such as: A thief; a generous person; an industrious person.
S: Generosity, stinginess, thievery, industriousness.

1010. Wakukwana kwana
T: Well-prepared.
C: Wambura kusoŵa kanthu.
M: Have need of nothing.
S: Self-sufficiency.

1011. Wakula waviwona
T: When you have grown up you have seen them.
C: Vinthu ivyo pa wanice ungavicita cara ndivyo uzamuvicita para wakula nanga viŵe vyakofya panyakhe vyakusuzga.
M: The things which you could not do in childhood are the very things you are required to do when you grow up.
S: Responsibility, maturity.

1012. Ŵali kusangana ncheŵe pera
T: They are both dogs.
C: Usange ŵatolana ŵankharo yiheni pera.
M: Spoken of an ill-mannered couple.
S: Manners, behaviour.

1013. Wali kusonkhera musonkho ku Dowa
T: He paid his tax at Dowa.
C: Munthu wambura kubaba.
M: An impotent person.
S: Barrenness.

1014. Wali kuzungulira ciduli
T: He/she has gone around the anthill.

C: Ŵalipo ŵanthu ŵanyakhe awo ŵakugomezga kuti para ŵafwa ciŵanda cawo cikuzgoka ciduli. Kung'anamula kuti para munthu wafwa wakuŵa nga nipara wazingilira kuseri kwa ciduli wakuwoneka cara.
M: It is a belief that when a person dies his spirit turns into an anthill. What it means is that when a person dies it is as if he/she has gone around a corner and cannot be seen.
S: Death.

1015. Wali mdongo
T: He is in the soil.
C: Kuwa uheni pasi.
M: A great and bad fall.
S: Defeat.

1016. Wali na demwera ngati nda mwana
T: He is easily contented like a child.
C: Munyakhe para wasanga viwemi ku nyumba panji ku mizi ya ŵene ntha wakukumbuka kuwelera ku kwake.
M: Spoken of people who find pleasure in foreign land to the extent of forgetting their own home.
S: Contentment, complacency.

1017. Wali na mutu
T: He has a head.
C: Munthu wa mwaŵi pa mulimo uli wose kweniso wamahara.
M: A lucky person in all his/her undertakings. Also, an intelligent person.
S: Luck, fortune.

1018. Wali ngati ni nyathutwe
T: He is like fog.
C Munthu wambura kukhazikika mumacitiro ghakhe.
M: An unstable person in his undertakings.
S: Instability.

1019. Walije 2 koloko/nilije 2 koloko
T: He has no 2 o'clock/I have no 2 o'clock
C: Wakukwiya luŵiro.
M: A very choleric character.
S: Choleric.

1020. Walije makutu
T: He/she has no ears.
C: Munthu wambura kupulika twaŵanyakhe.
M: A stubborn person.
S: Stubborness, obstinacy.

1021. Waliyanika
T: He/she has hung it up.
C: Kuyowoya utesi wa pakweru.
M: To tell an open lie.
S: Lying, falsehood.

1022. Walunguzga
T: He/she has brewed something.
C: Kusazgirako ku makani kuti ghanozge pakughapulika.
M: Exaggerating things so that they sound very nice and attractive.
S: Exaggeration, cheating.

1023. Wamucontha ku mtima
T: He/she has been pierced at the heart.
C: Kumukhorweska munthu na fundo mwakuti wangalutiriraso nkhwesa cara.
M: Satisfying/convincing someone with real facts on an issue that he cannot argue any further.
S: Satisfaction.

1024. Wamukanira pa tetete
T: He/she has denied on the clear.
C: Usange munthu wapanikizgira munyakhe pa makani sono wakupanikizgirika wakana kwacilengeska ndipo wakuti wa-

        mkanira patetete.
M: Total denial of allegations leveled against one or of the responsibility to testify.
S: Denial, defense, implication.

1025. Wamuleka pa muhanya/Wamuleka pa mutetete
T: He has been left in the sun/He has left him on a bare ground.
C: Ni mazgu ghakumuseka munthu mutesi para wasuskika pawumba.
M: These words are meant to describe a person who has been indicted by the court.
S: Ridicule, shame.

1026. Wamuleka pa mutetete
T: He has left the other uncovered.
C: Kulekana kwacilengeska mwakuti munyakhe yula wakukhala wambura kanthu kakumovwira, comene panthengwa.
M: Leaving someone destitute, especially after divorce.
S: Desertion, deprivation.

1027. Wamuleka pa zizimu
T: Leave one in the cold.
C: Kumucimbira munthu kwambura kughanaghanira vya moyo wakhe.
M: Deserting someone without due consideration of someone's welfare.
S: Desertion.

1028. Ŵamutandikira mphasa
T: They have laid up a mat for her.
C: Usange mukamwana watuka ŵenekaya ndiyo pakumulanga ŵakumutandikira mphasa, sono ŵalala ŵapacikaya ŵakwizakwiza kayowoyapo malango ghakakhaliro na ŵene kaya.
M: Makinga a daughter in-law sit down on a mat so that she can

be reprimanded for her unbecoming behaviour.
S: Chiding, rebuke.

1029. Wamwa maji/wakhapira
T: He/she has drunk water.
C: Kuthera pa mulandu panji nkhani.
M: To be defeated in a lawsuit or any dispute.
S: Defeat.

1030. Wamwaŵi ngwa mwaŵi
T: The lucky one is always lucky.
C: Usange munthu wacita mwaŵi mbwenu palije uyo wanga-usintha.
M: If someone is fortunate in something he will remain so.
S: Luck, fortune.

1031. Ŵana mbusambazi wa ŵakavu
T: Children are poor men's riches.
C: Ŵanthu ŵakavu ico ŵakugomezga na kunyadira mbunandi wa ŵana awo ŵababa nanga panji ŵakukavuka cifukwa ca ŵana weneŵawo.
M: All that poor people are proud of and bank their hopes upon are the children they have even if part of the poverty can be attributed to the very children.
S: Consolation.

1032. Ŵana mbusambazi
T: Children are wealth.
C: Mabanja, vikaya na caro vikugomezga ŵana.
M: Families, villages and the world have complete dependence on children.
S: Riches, wealth.

1033. Wanalume ngwenewuwu
T: This is manhood.
C: Mazgo ghakulumbira mwana musepuka para wacita ico cenelanga kucitika na ŵawiske.

M: Words spoken in praise of a young boy's success in doing a task otherwise supposed to be done by his father.
S: Strength, encouragement.

1034. Wandanyeko ciskuli
T: He did not fart while there.
C: Kuleka kukhaliska pa malo.
M: Not staying long enough at a place.
S: Unsettledness.

1035. Wanisanga pa muhanya (pa zuŵa)
T: You have found me in the sun.
C: Wafika pa nyengo yiheni apo njala yili pakati.
M: You have come at a time when we have neither food nor any provision to make for you.
S: Hunger, deprivation.

1036. Waphokwa/Wapona
T: She has been saved.
C: Kubaba mwana kwa mwanakazi uyo wanguŵa na nthumbo/ Kupona ku masuzgo ghakofya.
M: A pregnant woman's safe delivery of a baby/ Survival from a dangerous situation
S: Salvation, relief, delivery, survival.

1037. Walya mphezga
T: He/she has eaten "mphezga".
C: Munthu uyo wapera pa ivyo wacitanga.
M: A repentant person who vows never to repeat an act that has brought him/her sorrow.
S: Regret, remorse, repentance.

1038. Ŵalyenge
T: Let them eat.
C: Zina la mwana uyo wakuoneka kuti ŵafwiti ŵangamanya kumukoma nyengo yiliyose.
M: A name given to a child for whom there is no hope of life

because of the fear of witchcraft.
S: Resignation, acquiescence.

1039. Ŵasazgako mucere
T: They have added some salt.
C: Kusazgirako boza kuti nkhani yinowe.
M: Adding a little lie to make the story more interesting, making oneself more attractive.
S: Exaggeration, embroidery, embellishment, overstatement.

1040. Wathira maji pasi
T: She has spilled the water.
C: Kukula umwali kwa msungwana
M: A girl's initial menstrual flow.
S: Puberty.

1041. Watwatwa nato
T: He is stuck with it.
C: Munthu wakupharazga utesi.
M: Someone who spreads false rumours.
S: Gossip, rumour-mongering.

1042. Wavimyantha!
T: You have tasted it!
C: Wapokerapo njombe yambura kupulikira pakusokeka.
M: Reaping the inevitable consequences of one's obstinacy.
S: Regret, consequence.

1043. Wavisanga
T: You have found them.
C: Wapokerapo njombe yambura kupulikira pakusokeka.
M: Reaping the inevitable consequences of one's obstinacy.
S: Regret, consequence.

1044. Wavyakhe
T: Of his own.
C: Wambura kupulika vyaŵanyakhe.

M: One who des not listen to others.
S: Stubbornness, obstinacy.

1045. Wawamo/Wizamo
T: He has fallen in/He has come in
C: Kupuliska na kuzomerezgana na makani awo ghadumbika.
M: To understand and agree with the issue under discussion.
S: Understanding, insight, agreement.

1046. Wayima
T: She has stopped.
C: Kutola nthumbo/kulekezga mulimo.
M: Become pregnant/stop what one was doing.
S: Pregnacy, conception, discontinuity.

1047. Wayora makantha pera
T: He has picked up the husks only.
C: Kusangika wakwananga nakusuzgika pa ico undacite.
M: To be declared guilty and suffer for what one did not do.
S: Misfortune, imputation.

1048. Ŵenekaya
T: The owners of the home.
C: Ŵanthu awo ŵakhala mucaro nyengo yitali.
M: Old-timers.
S: Citizenship.

1049. Ŵengana
T: Avoid each other.
C: Kutinkhana comene kwambura nakukhumba kukumana.
M: To hate each other to the extent of avoiding meeting each other.
S: Hatred, enmity.

1050. Wenkhawenkha
T: Here and there.
C: Munthu mwendezi (wakwendendeka) wambura cikhazi.

M: A person who is always on the move from place to place.
S: Istability, nomadism.

1051. Ŵika (yegha) mthumba
T: Put (carry) in the pocket/bag.
C: Kubisira ivyo viliko munthu uyo wacemeka ku vidumbirano.
M: To invite someone for a discussion without informing him about the reason for the call.
S: Ignorance, secrecy.

1052. Ŵikapo jiso
T: Put an eye on.
C: Kutemwa kuwovwira comene awo mbakutemweka.
M: Care and support of one's loved ones.
S: Love, care, concern.

1053. Wima mutu
T: Have one's head stop.
C: Kusoŵa pakukora/Suzgo likulu.
M: Not to know what to do in a deparate situation.
S: Confusion, bewilderment.

1054. Wofi wa cimbwi
T: The timidity of a hyena.
C: Wofi na tunthu tucoko twakuti munthu wangofiwa nato cara.
M: Fear of even unimportant harmless things.
S: Timidity.

1055. Yegha nkhondo/Kwiza na nkhondo
T: Carry war/Come with war.
C: Kuwa musuzgo likulu comene/Ŵalendo awo ŵiza kwiza-kacezga.
M: Be in big trouble/Arrival of visitors.
S: Trouble, inconvenience.

1056. Yenda ku mazere
T: Walk on the left-hand side.

C: Kukhuŵazgana.
M: Provoke someone to anger.
S: Provocation, annoyance.

1057. Yenda pasi
T: Go under/going underneath.
C: Kupusikizgana.
M: Swindle each other.
S: Cheating, trickery.

1058. Yenderana pasi
T: Walk underneath each other.
C: Kupenjerana vifukwa kuti munjizgane m'masuzgo.
M: Plotting against each other.
S: Conspiration, intrigue.

1059. Zumbwa/Wazumbwa
T: Become wet/He/she is wet.
C: Kucita soni/Soni zamukora.
M: To recoil with shame.
S: Shame, embarrassment, disgrace.

1060. Zuŵa liri nyenyenye
T: While the sun was very bright.
C: Vikacitika na muhanya ŵanthu ŵakuwona.
M: It was done in the open while everyone was watching.
S: Openness, exposure.

Annotated Bibliography

Tumbuka Proverbs

Mkandawire, Austin, H.C., *Mahara gha Ŵana [Wisdom of the Children]*, Lusaka: The Publications Bureau of Northern Rhodesia and Nyasaland, 1962, 72 pp. In Chapter 17, pp. 43-72, under the heading "Vinthanguni na Ving'anamulo Vyake" (Sayings with their Meanings), there are 208 Tumbuka Proverbs with meanings in Tumbuka.

Mkandawire, Austin H.C., *Mazgu Ghakuzizika m'Citumbuka (Riddles in Tumbuka)*, Nairobi: Oxford University Press (for Malawi Publication and Literature Bureau), 1968, 149 pp. Tumbuka riddles with meanings in Tumbuka.

Mwalo, Songiso, *Expression and Literature. Common Tumbuka Ideophones*, Mzuzu: Mzuni Press, 2015

Ngwira, Thomas Wilson, *Tumbuka Proverbs*, Blantyre: Hetherwick Press, 1968, 51 pp. A collection of proverbs, idioms and phrases.

Soko, B.J. "Devin et les Tumbuka, un recueil", University of Swaziland, Occasional Paper, 1995, 118 pp. Six Hundred Tumbuka Riddles translated into French.

Soko, B.J., *Vimbuza. The Healing Dance of Northern Malawi*, Zomba: Imabili, 2014.

Young, Thomas Cullen, "Some Proverbs of the Tumbuka-Nkhamanga People of Northern Province of Nyasaland," *Africa*, vol.4, no.3, 1931 pp 343-351. A collection and explanation of 62 proverbs in three sections: general proverbs, those based on animal analogy and those arising from historical incidents. Only literal translations are given.

Ngoni Proverbs

Soko, B.J. "A Preliminary Survey of Ngoni Proverbs" University of Malawi Occasional Paper, 1986, 12 pp. Mimeo. Twenty Ngoni proverbs with meanings and an additional list of 205.

Soko, B.J. *Imizekeliso ne Iziquso zesi Ngoni* University of Swaziland, occasional Paper, 1996, 92 pp. Mimeo. Six Hundred Riddles and Similes in Ngoni. Preface by Marion Cibambo.

Tonga Proverbs

Mphande, D.K."On the Use of Tonga Myths, Folktales and Proverbs in Moral Education," Ph.D, University of Malawi, 1998. Includes a sample of 70 proverbs for moral instructions (pp. 267-287), 113 annotated Tonga proverbs for preaching and additional Tonga Proverbs for study and reflection in Appendix 1, pp. 392-396.

Mphande, David, *Nthanthi za Citonga Zakusambizgiya ndi Kutauliya*, Blantyre: CLAIM-Kachere, 2001. 113 annotated Tonga proverbs for teaching and preaching and 114 additional proverbs for study and reflection. The whole book is in Citonga.

Mphande, David, *Oral Literature and Moral Education among the Lakeside Tonga of Northern Malawi. A Study of Tonga Culture in Northern Malawi*, Mzuzu: Mzuni Press, 2014.

Soko, B.J., "A Collection of Tonga Proverbs." Chancellor College, 1985; Mimeo, 126 Tonga proverbs translated into English.

Soko, B.J., "Proverbs et Nomenclature Tonga. Un Grenier du Malawi." Department of French, Chancellor College, 1994, 53 pp. Mimeo. A collection of 126 Tonga proverbs and names.

Chichewa Proverbs

Gray, Ernest, "Some Riddles of the Nyanja People", *Bantu Studies*, vol. 13 no. 4, Dec. 1939, pp. 251-291. A collection of 123 Chichewa riddles, annotated and translated into English.

Gwengwe, John Williams, *Chinyanja china* [*Sayings in Chichewa*] Lusaka: Zambia Publications Bureau, 1967, 90 pp. A selection of 103 Chichewa (Chinyanja) proverbs with explanatory or illustrative stories.

Johnson William Percival, *Chinyanja Proverbs,* Cardiff: Smith Brothers, 1922, 26pp. A collection of 101 Chichewa proverbs translated and annotated, giving a full explanation of each and offering comparisons with biblical texts and English Proverbs. Reflects the form of Chinyanja spoken on Likoma Island in the early 20th Century.

Kampuza, W. Samuel, *Angoni, Uzimba ndi Miyambi (The Ngoni, Hunting and Sayings),* Ntcheu: Zambezi Mission Press, 1943, 59 pp. A list of 50 Chichewa proverbs appear on pp. 56-59 under the title "Miyambi ya Anthu a ku Nyasaland". There is no English translation/explanation.

Kasinja, A.A., *Nzeru Nkupangwa,* London: Sheldom Press in association with the Northern Rhodesia and Nyasaland Publications Bureau, 1958, 48 pp. A collection of stories with moral lessons.

Kessel, A.C. van (M.5Afr.), *Dzedzere-dzedzere Salingana Nkugweratu.* A collection of 992 Chichewa proverbs arranged in alphabetical order. Each proverb has an English literal translation, meaning (explanation) and a subject (a Catchword or sense of the proverb). Included also is a comprehensive index with a helpful table of contents that is arranged in an alphabetical order but classified according to subject for easy reference.

Kumakanga, Stevenson L., *Nzeru za Kale [Wisdon of Olden Times],* Zomba: Nyasaland Educaton Department, 1944, 62 pp. Reprint: Limbe Longmans of Malawi, 1968, 54 pp: Blantyre: Longman, 1970, 56 pp. A selection of 107 Chichewa proverbs with explanatory or illustrative stories.

Milimo J.T. et.al (eds.) *Bantu Wisdom. The African Way of Life Club,* Kachebere Major Semnary, Mchinji 1969, 80 pp, Mimeo. A collection of 560 Chichewa (Nyanja), Bemba, Sena, Lunda, (Mwinilunga), Tonga (Zambia), Shona, Tumbuka, Luvale, Lozi, Lala and Sukwa proverbs with English translations and meanings.

History of the Tumbuka

Forster, Peter, G., *T. Cullen Young: Missionary and Anthropologist*, Blantyre: CLAIM-Kachere, 2003.

Mkandawire, Orison Ian; *Chiswakhata Mkandawire of Livingstonia*, Blantyre: CLAIM-Kachere, 2002.

Mkandawire, Orison Ian; *Face to Face with my Life*, Zomba: Kachere 2004.

Mphande, John Paul, "'A Witch': The Tumbuka Understanding", in J.C. Chakanza (ed), *Research in African Traditional Religion: Initiation Rites for Boys in Lomwe Society and other Essays*, Zomba: Kachere, 2004.

Ncozana, Silas S., *The Spirit Dimension in African Christianity; A Pastoral Study among the Tumbuka People of Northern Malawi*, Zomba: CLAIM-Kachere, 2002.

Soko Boston, *Ntchimi Chikanga: The Battle against Witchcraft in Malawi*, Blantyre: CLAIM–Kachere 2002.

www.ingramcontent.com/pod-product-compliance
Lightning Source LLC
Chambersburg PA
CBHW070826300426
44111CB00014B/2473